U0514506

环境规制、效率改进与增长可持续

环境要素视角

解 晋◎著

中国财经出版传媒集团

经济科学出版社
Economic Science Press

图书在版编目（CIP）数据

环境规制、效率改进与增长可持续：环境要素视角／
解晋著 . —北京：经济科学出版社，2022.1
ISBN 978 - 7 - 5218 - 3396 - 6

Ⅰ. ①环…　　Ⅱ. ①解…　　Ⅲ. ①环境保护 – 政府管制 –
影响 – 企业管理 – 技术革新 – 研究 – 中国　　Ⅳ.
①F279. 23

中国版本图书馆 CIP 数据核字（2022）第 014283 号

责任编辑：李一心
责任校对：李　建
责任印制：范　艳

环境规制、效率改进与增长可持续：环境要素视角

解　晋　著

经济科学出版社出版、发行　新华书店经销
社址：北京市海淀区阜成路甲 28 号　邮编：100142
总编部电话：010 - 88191217　发行部电话：010 - 88191522
网址：www. esp. com. cn
电子邮箱：esp@ esp. com. cn
天猫网店：经济科学出版社旗舰店
网址：http：//jjkxcbs. tmall. com
北京密兴印刷有限公司印装
710 × 1000　16 开　10.25 印张　170000 字
2022 年 4 月第 1 版　2022 年 4 月第 1 次印刷
ISBN 978 - 7 - 5218 - 3396 - 6　定价：45.00 元
（图书出现印装问题，本社负责调换。电话：010 - 88191510）
（版权所有　侵权必究　打击盗版　举报热线：010 - 88191661
QQ：2242791300　营销中心电话：010 - 88191537
电子邮箱：dbts@ esp. com. cn）

前　言

　　基于环境要素视角，本书构建了一个相对系统和完整的理论框架来分析环境规制发生后，利润最大化逻辑下，企业生产决策的因应变化和环境要素的配置变化，并论证了由上述变化带来的技术效率和配置效率改进，以及两种效率改进对增长可持续产生的积极作用。具体来说，该理论框架的架构和论证基于如下可被观察或被论证的事实。其一，生态环境对生产过程中排放污染的吸纳和消弭功能对社会生产提供了必要的"生态服务"，实际上扮演了"环境要素"的角色。其二，该环境要素具备与技术进步高替代性、与劳动资本等普通要素低替代性的属性。其三，环境要素为生产提供了实际的价值，但长期内不存在专门的环境要素市场或该市场机制是扭曲和不完备的，导致环境要素的实际使用价格远低于均衡状态。

　　基于上述事实，本书得到如下结论。结论一，作为生产必需的要素（服务），环境要素市场价格的扭曲是引致污染产业扩张和粗放式增长的重要原因。偏低的环境要素价格导致环境要素的使用数量过度，客观上表现为污染加剧。结论二，环境规制的强化推高了企业使用环境要素的成本。利润最大化逻辑下，使用成本的上升将倒逼企业通过技术进步对环境要素的使用加以替代，客观上提高了企业生产的技术效率。结论三，环境规制推高企业使用环境要素的成本，形成门槛效应，部分低效率企业被排斥在外而退出市场，从而引致各（地区、行业）生产主体所面临环境要素成本差异的消除与错配纠正，最终带来配置效率的改善。基于效率改进与经济增长之间的关系，综合结论二、结论三可知，环境规制带来的效率改进将为增长可持续创造有利条件。

　　同时，结论二刻画了已有研究聚焦的"波特假说"。不难发现，传统的波特假说只是本书所构建理论框架中的一部分。因此，本书从生态环境在生产中扮演的角色入手，从企业使用环境要素成本变动的微观视角为解释波特假说提供了一个更为系统的理论背景，这构成了本书的理论创新之一。本书还指出，环境规制提高了企业使用环境要素必须支付的成本，从而为环境要素的市场构建提供了基础与抓手，并为市场在环境要素配置中发挥决定性作用进一步提供空间和可能。在理论分析和框架提出的基础上，本书通过实证工具对上述观点进行检验，发现实证结果基本支持了本书论点。

作为理论观点的拓展与应用，本书还从价格扭曲的视角对中国特殊制度安排下的"资源诅咒"问题进行分析，指出："资源价格的低向扭曲是其产生'诅咒'效应的重要原因"；并就环境要素的使用即排放权的价格产生机制做了简单展望。基于相关论述，本书提出若干政策建议。

目录
Contents

第 1 章

导　　论

改革开放以来，中国实现了快速工业化和经济高速增长。但以高能耗、高排放为主要特征的粗放型发展方式导致发达国家上百年工业化过程中分阶段出现的能源和环境问题在我国集中显现，并呈现出结构型、压缩型、复杂型的特点。2014 年，中央经济工作会议指出："从资源环境约束看，过去能源资源和生态环境空间相对较大，现在环境承载能力已经达到或接近上限"。因能源消费、污染排放与经济发展之间密切的逻辑联系，趋紧的能源消费与污染物排放总量约束或使得中国面临节能减排与经济增长的双重压力。在经济社会发展面临严峻的环境承载约束的现实条件下，如果希望实现进一步的增长，唯一的途径是提高产出效率，促进经济增长由要素投入驱动的粗放型增长方式向以全要素生产率驱动的集约型增长方式转变。这是保持经济长期稳定增长的必然选择，也是新常态下实现动能转换的必由之路。基于此，以节能减排为主要目标的污染治理和以效率改进为主要方向的高质量发展转型已经成为各级政府必须面对的核心议题。一般来说，生产率的源泉有两个，分别是以制度优化为实现途径的资源配置效率和以生产技术进步为实现途径的生产技术效率。上述两种效率的提高对高质量发展意义重大，一定程度上决定了未来一段时间内中国经济增长的可持续性。因此，能否兼顾生态环境保护和上述两种效率进步，是绿色转型的关键。如果希望实现既要"绿水青山"，又要"金山银山"的社会治理目标，就必须全面认识环境规制政策的经济效果，尤其是准确分析环境规制政策与增长可持续之间的关系，并以之作为生态环境保护和经济社会持续稳定发展双赢的理论基础，这对于有的放矢地推进生态环境保护工作，进而协调经济发展与生态环境保护之间的关系无疑是重要的。鉴于此，本书以当下中国经济面临的环境容量约束及其对增长可持续带来的挑战为现实起点，以效率改进与增长可持续之间的关系为理论出发点，以节能减排即污染治理的经济效应为理论落脚点，以环境规制与效率改进之间的关系为考察对象，全面梳理和分析环境规制影响增长可持续的内在机制和作用路径，以期为增长方式集约化转变提供一些可供借鉴的理论和实践思路。本章即从我国目前经济发展状况与环境污染的现实背景出发，说明本书选题的意义与价值，界定全书的研究内容，阐述研究中涉及的方法与重点难点，并对本书研究的可能创新做简单归纳，试图以较短的篇幅点明本书主题，勾勒出全书的框架和缩影。

1.1 选题背景与意义

1.1.1 现实背景与实践意义

本书研究的主题是环境规制与经济增长可持续之间的关系。根本上说，这一选题的主要现实背景有二。一是，生态环境污染对整个社会造成巨大成本，并对经济社会的发展产生制约，大力推进污染治理已经成为决策当局乃至全社会的共识。二是，我国所处发展阶段的变化与主要矛盾的转变对环境治理及发展方式提出的更高要求。可以说，本书选题脱胎于当下的经济现实，具有时代特征。同时，本书的主要目的在于试图为资源环境约束下中国经济的持续增长提供一些理论与经验分析，因此具有现实意义。

1.1.1.1 发展转型的迫切需求与持续增长面临的挑战

改革开放以来的较长一段时间内，人民日益增长的物质文化需要同落后的社会生产之间的矛盾构成了我国的主要矛盾。为解决这一主要矛盾，中国以扭曲市场价格为主要手段，以集中资源快速推进重工业发展为主要形式的赶超战略，以及 GDP 为目标导向的政府治理目标（林毅夫、刘培林，2003；陈斌开、林毅夫，2010）。在上述发展战略及配套的政策安排下，依靠高储蓄率提供的低成本投资、大人口基数提供的充裕廉价劳动力和低发展起点拥有的广阔发展空间，以及西方国家提供丰富可借鉴的先进技术，中国取得了年均近 10% 的经济增长速度，被誉为"增长奇迹"。早在 2010 年，中国 GDP 已经达到 40.15 万亿元人民币（当年价格）[①]，超越日本成为世界第二大经济体。然而，以要素积累驱动的工业增长不仅面临着轻、重工业结构失衡的问题，同时导致资源约束趋紧、环境污染加剧、生态系统退化等严峻后果。2013 年，时任环保部部长周生贤在"中国特色社会主义和中国梦宣传教育系列报告会（第一场：我国环境保护形势与对策）"中深刻阐述了我国生态环境保护面临的严峻形势，指出中国经济"涸泽而渔"式发展的弊端。在上述背景下，党的十八大强调，把生态文明建设作为统筹推进"五位一体"总体布局和协调推进"四个全面"战略布局的重要内容。作为污染治理和生态环境保护的重要制度保障，以顶层设计入手构建的环境治理框架逐渐形成。2018 年，中共中央、国务院印发《关于全面加强生态环境保护坚决打好污染防治攻坚战的意见》，明确打好污染防治攻坚战的路线图、任务书、时间表。十三届全国人大一次会议表决通过宪法修正案，把新发展理念、生态文明和建设美丽中国的要求写入宪法。在党和国家机构改革中，组建生态环境部，统一行使城乡各类污染排放监管与行政执法职责。在各级政府的努力下，污染防治攻坚战取得阶段性成果，污染治理手段更为严格，生态环境质量改善明显，群众获得感有所增强。

但是，中国地域辽阔，各地区发展状况差异明显，发展阶段和发展水平不一，多重矛盾的长期积累使得环境问题在短期内难以根本解决，结构调整和增长方式转变面临的阻力很大。以社会各界最为关注的大气污染 PM2.5 为例，2016 年环保部公布的《2016 中国环境状况公报》提供的数据显示，全国 338 个地级及以上城市中，仅 84 个城市空气质量达标，占全部城市的 24.9%，不足 1/4。254 个城市空气质量超标，占全部城市的75.1%，高于 3/4。同时，有 32 个城市重度及以上污染天数超过 30 天。整体来看，当前污染治理形势依然严峻；生态文明建设，尤其是大中城市和大城市生态文明建设任重道远。其结果是，有限储存的能源资源和渐近阈值的生态负载对持续增长的约束日益凸显，成为导致发展"不充分""不平衡"的重要因素。

增长空间逐渐压缩的现实对发展思路的探索和调整提出要求。要解决发展不平衡和不充分的问题，唯一的途径是转变经济发展方式、优化经济

[①]　中华人民共和国统计局公告（2012 年第 1 号）。http://www.gov.cn/zwgk/2012-01/10/content_2041140.htm。

结构，转换增长动力以推动绿色发展，实现经济发展的高质量。高质量发展是以不过度增加生态环境负载作为主要经济驱动力的环境友好型发展，其核心内涵是增长结构中生产率贡献居于主要地位，核心要求是提高生态负载等有限要素的使用效率。这是遵循经济规律、保持经济持续健康发展的必然要求，也是应对我国社会主要矛盾变化和建设现代化经济体系的必然选择。分析过去一段时间内我国的经济现实不难发现，生态环境保护和经济高质量发展具有同源和同因性。从源头来看，污染的主要来源是以能源、钢铁和化工行业为主的重工业。相关产业不仅具有高能耗、高排放的污染特征，同时也是低产出、低效率的粗放型发展方式的集中体现。因此，环境污染问题和发展方式具有同源性。与之对应，结构调整和绿色转型具有同源性。增长方式转变和环境污染治理有相似的根源，在逻辑上是内在一致的。上述分析的一个重要结论是：高质量发展中内含着对生态环境保护的要求与发展的环境友好特征，兼备绿色和效率属性。或者说，效率改进与绿色发展是逻辑统一，相辅相成的。在经济面临明显的资源环境约束条件下，考察环境规制的经济效应，尤其是效率改进效应，对实现经济增长的可持续具有现实意义。

上述分析还在如下事实中体现。在发展导向的政府治理框架下，污染治理与经济发展之间的关系一定程度上决定了地方政府对待污染的态度。一定时期内，环境治理之所以收效甚微，其主要原因在于，粗放式增长模式下，环境污染与经济发展已经形成"一体两面"的逻辑关系。在经济现实中，治污技术没有明显改进的情况下，排放权与生产权几乎等同，污染治理带来发展成本，从而压缩了区域发展空间。在这种逻辑下，经济发展与污染治理之间的取舍成为两难选择：对生产过程施加高环境标准和严格的环境规制将使得决策者面临损失经济增长的代价，这使得地方政府在污染治理中投鼠忌器而徘徊不前。也就是说，如果希望调动地方政府参与污染治理的积极性，一个重要的理论工作是对污染治理与经济发展之间的关系进行辨析、判断和证实（或者证伪），这将成为地方政府推进环境治理的重要激励。

总的来说，对环境治理与经济增长关系的认识和刻画主要体现在两点。一是，如何全面、准确地认识环境规制的经济效应，尤其是增长效应。二是，环境规制与效率改进之间的关系是怎样的。更具体地说，后一个问题意在强调"环境规制能否助力实现生态环境保护和经济发展的双赢，其路径机理如何"。厘清这两个问题不仅对环境规制政策的评估具有重要价值，同时也是判断绿色增长转型可行性的重要依据。原因是，一方面，对上述问题的回答将决定地方政府对污染治理问题的认识和态度，进而决定污染治理的效果和可持续性。另一方面，就这两个问题所覆盖的范围而言，后一个问题实际上是前一个问题的组成部分和具体化。或者说，对后一个问题的回答将一定程度上给出前一个问题的答案，因此对于绿色转型、高质量发展及经济增长的可持续具有重要价值。

1.1.1.2　改善和保障民生的客观要求

党的十九大报告指出，中国特色社会主义进入新时代，我国社会的主要矛盾已经转化为人民日益增长的美好生活需要和不平衡不充分的发展之间的矛盾。主要矛盾论断不仅揭示了当前中国社会发展的历史方位和阶段性特征，同时指明了未来一段时间内各个领域工作的主要方向和着力点。人民美好生活的需要中，不仅包括对物质生活水平提高的要求，同时也包括对良好生态环境的需求。过去一段时间内，我国经济社会发展取得巨大成就，物质生活不断丰富，人民群众获得感不断上升，但长期的粗放式发展积累的环境问题凸显，良好生态环境的不平衡、不充分已经成为发展不平衡、不充分的重要方面。从民生视角看，群众对加强生态环境保护与污染治理工作的呼吁是当前主要矛盾在民生领域的体现，政府聚焦于此是马克思主义群众观的必然要求。"推动生态文明建设和人与自然和谐共生的现代化，提供更多优质生态产品以满足人民日益增长的良好生态环境需要"，是继党的十八大将生态文明建设纳入中国特色社会主义事业"五位一体"总体布局之后，对加快生态文明体制改革的再次强调。早在2013年，习近平总书记在海南考察时就曾高屋建瓴地指出："良好的生态环境是最公平的公共产品，是最普惠的民生福祉"①。这一论断深刻阐释了生态环境和生态文明的政治内涵，将生态环境保护提高到民生和政治的高度。因此，在主要矛盾转化的大背景下，环境治理已经成为社会治理和民生改善的重要环节和组成部分。另外，教育、医疗、社会保障等民生问题的解决则依赖于发展水平的提高。这意味着，要从根本上解决民生问题，不仅需要"绿水青山"，同时需要"金山银山"。在"绿水青山"与"金山银山"中达到和谐与双赢，是保障和改善民生的客观要求。因此，梳理环境规制与增长可持续之间的关系，具有重要的现实意义。

---

① 人民网，http://cpc.people.com.cn/n1/2018/0523/c64094-30007903.html。

1.1.1.3 推进国家治理能力现代化的重要契机

因企业的逐利和污染的外部性，推进生态环境保护工作需要政府部门的监督管理。由此，污染治理成为公共管理和政府治理的重要组成部分，这是环境规制重要的现实属性。党的十九大报告指出，"构建政府为主导、企业为主体、社会组织和公众共同参与的环境治理体系"，为新时代环境治理提供了方法论式的指导思想。在这一治理体系中，政府作为主导，在环境治理中居于核心地位，一定程度上决定了污染治理工作的进程和成效。从这个角度看，完善政府在生态环境保护方面的职能，优化环保机构设置，是政府机构改革的重要任务。强化政府的环境治理能力，提高环境治理效率，成为新时代推进国家治理体系和治理能力现代化的重要契机。另外，我国正处于"增长速度换挡、结构调整阵痛和前期刺激政策消化"的三期叠加状态，这就要求各级地方政府在推进生态环境保护工作的过程中，更加细致地考察其经济效应。长期来看，环境保护工作是必须且重要的。但环境问题与经济、民生、就业等问题交织，牵一发而动全身。绿色转型不可能一蹴而就，意味着在较长的一段转型期内，政府必须面临和承受由此带来的阵痛。这一过程中，各领域工作的权衡取舍是政府决策无法回避的问题，各种决策所产生的经济和社会效应也就自然成为政府必须关注的对象。原因在于，厘清上述关系有助于各级政府全面和准确地评估环境治理的效率与得失，进而为环境保护与经济发展在短期和长期内的取舍提供依据。这对于政府有的放矢地推进污染治理工作，进而深化政府职能转变、提高环境监管效能无疑是重要的。讨论和研究环境治理与增长可持续之间的关系，无疑可以为促进国家治理能力现代化提供抓手。

综上所述，本书的现实背景集中于经济、民生和国家治理能力三个视角，涵盖了社会发展的重要方面。正是上述三个方面对辨析"环境规制与增长可持续之间关系"这一主题的现实需求，构成了本书研究的现实背景。本书的现实意义在于：第一，系统梳理环境规制与增长可持续之间的逻辑关系，为促进绿色发展与集约化增长转型提供理论依据；第二，长期以来，地方政府因忌于节能减排对经济增长的负面影响而对污染治理裹足不前，本书通过梳理环境规制的经济效应，尤其是详细阐述环境规制对长期增长中效率改进的"倒逼"效应，为各级地方政府提供环境保护的行为激励，有助于提高环境保护及监管效率，一定程度上改善和保障民生；第三，通过阐明环境规制推动持续增长的关键路径，为各级政府提供一些增长转型的重要建议。

1.1.2　理论背景与理论价值

环境规制作为重要的环境治理工具，其与增长可持续之间的关系具有广泛的理论基础。这些理论涉及和包括福利经济学、环境经济学、可持续发展理论及宏观增长理论等学科在内的不同领域。同时，这些理论并非机械和孤立分割的条块，而是组成了有着内在逻辑一致性和相互关联的理论系统，它们共同构成了本书选题的理论背景。根据全书的内容安排，本小节的主要任务是，对本书理论背景中的典型学说按照一定的内在逻辑做简要归纳，并对各组成部分之间的内在联系做简单叙述，以清晰地展现本书选题理论背景的条理与脉络。

1.1.2.1　可持续发展经济学：可持续发展理论

可持续发展，顾名思义，是实现人类社会永续发展的理念。这是一个内涵十分丰富的术语，集中体现了持续发展对人与自然之间关系的要求。世界环境与发展委员会就可持续发展给予内涵上的界定，指出："可持续发展是既满足当代人的需求，又不损害子孙后代满足其需求能力的发展"（WCED，1987）。从概念描述看，可持续发展侧重刻画一种人与自然和谐共生的理念和可持续的发展目标，而非某种具体的发展方式。这意味着各国家和地区拥有十分广阔的选择空间，可以根据自己所处的发展阶段和要素禀赋因地制宜地选择适合自己的发展道路。同时，该发展理念暨发展目标体现出三个属性特征：其一，发展的代际公平，强调将有限的自然资源在本代和后代及永续后代之间公平分配；其二，发展的可持续性，强调在有限的自然资源和生态环境容量下，实现人类社会的永续发展；其三，发展的共同性，在可持续发展的概念描述中，模糊了国别的界限，强调将全体人类看作一个整体，因此这一发展理念体现了人类命运共同体这一宏大视角。从现实看，全体人类生存在同一个地球上，全球的大气、水等生态要素处于不断的循环和流动之中，局部地区生态环境的破坏将难以避免地影响其他地区，因此这种全球视角与整体观念对实现跨区域污染治理和全体人类的可持续发展是必要且迫切的，刻画了可持续发展的全球属性。

联合国可持续发展委员会在《21世纪议程》中，基于"经济、社会、环境和机构"四大系统，采用"驱动力—状态—响应"模型，提出了一个可持续发展的核心指标框架，主要包括社会（消除贫困）、经济（国家间贸易与经济协作）、环境（淡水资源、陆地资源的保护和大气污染的防治）。这个框架体现了可持续发展所包含的几个重要方面。其中，消除贫困是第一位。也即，可持续发展，核心是发展，强调发展方式、发展理念的最终目的和落脚点是发展（而非生态环境，生态环境是为人类社会的发展服务的）。保证发展的可持续性，不仅需要环境容量和自然资源的持续支撑，还需要国际间经济贸易，乃至社会治理等方面的协作。可以说，这一指标框架，与前文关于可持续发展的内涵有相似的逻辑，是可持续发展内涵的具体化，二者是一脉相承的。在把握可持续发展基本内涵和本质特征的基础上，可以得出一些关于发展方式的，具有引导性的结论。例如，可持续发展要求发展方式向资源集约和环境友好型转变。与之对应的，低碳经济、循环经济等新型经济特征、理念已经逐渐为公众熟知和接受。需要指出，可持续发展理论中，强调的是"发展"而非"增长"。可持续发展的理念涵盖了包括经济、文化、生态环境等社会生活领域在内的诸多方面，经济的持续增长仅是可持续发展中的一个组成部分。或者说，经济增长的可持续是可持续发展在经济领域的体现，可持续发展理论中内含了经济增长可持续这一条件。

可持续发展理论对本书选题的启发在于，经济增长的可持续不仅取决于传统的劳动、资本等要素投入，以及技术进步、制度优化等途径带来的效率提高，同时还必须和生态环境保护、生态文化建设、生活观念改变等其他领域工作相互协调配合。从研究主题来看，本书将一定程度上丰富可持续发展理论，同时从环境规制视角为可持续发展实践提供理论支撑。

1.1.2.2　宏观经济学：经济增长理论

经济增长理论是宏观经济学的核心议题，这体现在两个方面。一方面，从宏观经济学的主要内容看，增长理论占据主要篇幅，并成为贯穿整个宏观经济学研究框架的主线。另一方面，从宏观经济学的组成及各部分之间的关联看，经济增长理论居于核心位置，宏观经济学的研究和讨论主要围绕经济增长这一主题展开。因此，宏观经济学中关于经济增长及其可持续性的讨论，同样构成了本书选题理论背景的组成部分。

宏观经济学理论中，就增长的可持续性，已有研究的共识是，经济体的增长方式是决定经济体增长可持续性的关键指标。具体而言，以要素积累推动的粗放型增长不可持续；如果希望实现持续稳定的增长，需要产出效率不断改善以带来增长的集约化转变，表现为增长结构中全要素生产率贡献的不断提高。在全要素生产率的核算方面，索洛做出了开创性贡献，索罗余值成为刻画全要素生产率的重要工具（Solow，1957）。1994 年，基于索罗增长模型，克鲁格曼根据全要素生产率的核算结果指出，东亚奇迹主要由要素投入驱动，全要素生产率的贡献偏低，故"二战"后亚洲各经济体的高速增长不可持续（Krugman，1994）。基于该论断，大量学者展开了全要素生产率及增长相关的理论研究。从现实来看，克鲁格曼的观点是深刻而准确的。原因在于，随后较长的一段时间内，尽管中国经济保持了改革开放以来的长期增长，某种程度上看似"否定"了克鲁格曼的判断，但如果将中国的增长状况置于更加开阔的视野中，以长期的历史眼光观察便不难发现，克鲁格曼关于东亚奇迹的评价并非无稽之谈。如前所述，随着人口红利的消失与资源环境约束趋紧，中国经济面临下行压力，这一经济下行的发生与过去一段时间内要素驱动的粗放型增长方式有着密切的逻辑关联。中央政府及时提出以保持经济长期稳定增长为目标的高质量发展转变和经济增长动能转换，即意在强调和凸显全要素生产率在长期稳定增长中的重要作用。而正是相关政策的推行，使得中国经济的集约化转变不断推进，从而避免落入"增长陷阱"。因此，过去一段时间内中国经济的持续增长（尽管增速有所放缓）与其说是"否定"了克鲁格曼关于东亚经济的判断，不如说是从反面角度支持了它。因此，"效率水平是判断增长可持续性的关键指标"这一论断的正确性基本得到肯定，已经成为学界和决策当局的共识。自然，效率改进成为实现经济增长可持续的重要抓手和着力点。

资源环境约束趋紧和高质量发展转型的大背景下，尤其是面对中国的城镇化尚未结束，对水泥、钢铁等高能耗、高排放的重工业产品仍然具有刚性需求这样一个现实，讨论环境规制与增长可持续之间的关系尤为重要。事实上，随着能源粗放使用引致的环境问题日益严峻，已经有学者将相关因素引入传统的增长框架中，考虑所谓"绿色全要素生产率"及"环境效率"问题，并以此就中国工业增长的发展转型与可持续性展开讨论（Watanabe and Tanaka，2007；陈诗一，2009；陈诗一，2010）。由此，将能源消费及环境成本引入增长框架成为宏观经济分析的重要研究方向。宏观增长理论及其发展对本书选题的启示有两个，一是，要考察增长的可持续性，应当基于技术进步（广义概念）或效率改进的视角展开；二是，在对增长方式进行判断和评价时，必须在考虑有限储存的能源资源消费和整体生态环境成本的条件下展开。原因在于，污染所引致的外部性实际上已经提高了整个社会的生产成本，只有对其恰当考虑才能得到相对准确的估算结果和具有稳健性的结论。

1.1.2.3 福利经济学、制度经济学与环境经济学：外部性理论

外部性理论是环境治理或环境规制相关主题最为重要的理论背景和理论起源，同时也是福利经济学、制度经济学和环境经济学等学科的理论基础及相关研究的理论起点。"外部性"这一术语较早地由新古典经济学代表马歇尔提出。在其著作《经济学原理》中，马歇尔讨论了生产规模扩大的方式，并以此为依据，就"内部经济"与"外部经济"等相关概念进行辨析。其中，"内部经济"刻画了单个企业自身生产技术及管理效率的提高对生产扩大的作用；而"外部经济"则意在强调整个产业的发展对生产扩大的影响。在此基础上，庇古对外部性问题进行了进一步的研究与完善，并以"外部经济"与"外部不经济"两个概念入手对外部性进行基本界定，进而形成了经济学理论中外部性的基本概念："市场中，某主体的行为影响了其他主体的效用，但上述过程却没有在市场交易中体现"。在《福利经济学》一书中，庇古以边际分析为主要手段，以边际私人成本（收益）与边际社会成本（收益）之间的差异所导致的市场失灵和无效率为依据，针对外部性提出了以修正性税收（补贴）为主要形式的政府干预策略，从理论上为实现外部性内部化，从而解决外部性所导致的市场失灵提出了建议。这种针对外部性的修正性税收（补贴）被冠以"庇古税"的名字，成为政府部门解决外部性问题的理论依据。同时，上述分析涉及各主体的成本、收益与效用变化，因此成为福利经济学的重要理论基础。尽管庇古税提出的初衷并非减排和治污，但不可否认，因污染显著的负外部性，庇古税为环境治理提供了重要的方法启发，因此成为本书的理论依据之一。在庇古提供的分析框架中，环境污染具有显著的负外部性，故企业排污过程中的私人边际成本小于社会边际成本，导致其排污量远大于帕累托均衡状态；该分析框架解释了过去一段时间内污染加剧的原因。根据庇古的分析结论，要抑制企业的排污行为，只需对排污企业征收一定数量的庇古税。在这种税收的成本加成下，企业排污所面临的私人边际成本等于社会边际成本。排污成本的上升将对企业的污染行为产生负向激励，从而形成减排压力并督促其减排行为。在实践中，排污费、环保补贴等经济手段为主要形式的环境治理方案已经相当普遍。

　　针对外部性，与庇古提倡的边际分析方法和税收解决手段不同，科斯从产权角度给出了理解和解决外部性问题的另一条路径。科斯认为，外部性的产生，也即外部性没有内部化的根本原因，是产权不明晰。在产权不明晰的条件下，外部性无法由确定的行为主体负责，因此最终偏离帕累托效率状态。在著名的"科斯定理"中，科斯指出："只要产权是明确的，并且交易成本为零或者很小，那么无论初始产权如何分配，市场都将实现帕累托效率"。原因在于，产权明晰的条件下，如果某市场主体产生了负的外部性，对其他市场主体的效用构成影响，那么它将不得不为其负外部性买单。在交易成本不足以影响谈判发生的条件下，二者可以就外部性进行协商，并最终通过补偿实现外部性的内部化，从而达到一个效率均衡。

　　因此，从科斯定理来看，违规排污之所以屡禁不止，污染形势愈发严峻的根本原因是由于生态环境的产权不够明晰，从而导致每个企业都以其利润最大化为标准设定排污量，而无须承担由此带来的负外部性，最终导致社会整体的超额污染排放与生态环境破坏，造成"公地悲剧"。因此，根据科斯定理，明晰产权成为解决污染问题的渠道之一。诚然，科斯定理是对外部性理论的重要补充与完善，但因自然环境、水、空气等生态产品具有扩散的物理属性，其产权界定在实践中十分困难（这也是"公地悲剧"中之"公"的原因与含义）。通过科斯定理解决污染问题，现实中面临可行性不足的挑战。因此，污染治理的实践中，相较于庇古税，产权界定没有成为处理污染外部性的主要手段。总结来看，无论是庇古理论还是科斯理论，其观点主张的共同之处是，肯定外部性导致的市场失灵和无效率，并认为应当予以消除。就环境污染而言，政府通过干预措施消除其外部性的主要途径是提高排污的边际成本，从而对排污行为形成抑制。

　　外部性理论对本书选题的意义和启示在于环境规制的必要性，这体现在两个方面。一是，因环境污染的负外部性（这里的"环境"即指公共环境而非私人环境；环境污染，是对公共环境的污染，因此负外部性不可避免），排污企业面临的私人成本小于社会成本，导致企业的排污量超过均衡状态。在生态负载有限的情况下，将导致"公地悲剧"，最终引致经济社会发展受到制约。故，就社会、经济的持续发展而言，环境规制具有必要性。二是，如前所述，因环境污染的负外部性，个体企业的排污行为将引致整个社会的成本提高，而后者由全体社会成员承担，有损社会公平。因此，通过环境规制纠正企业的负外部性，对维护社会公平与和谐具有现实意义。

此时，在环境规制必要性得以肯定的前提下，对其经济效应进行评估就成为一个具有现实需求的话题。

1.1.2.4 环境规制理论：波特假说

就研究内容而言，环境规制理论与本书选题最为贴切，且相关理论的发展脉络相对清晰，是讨论环境规制经济效应最为重要的理论依据。20世纪80年代中期，环境规制对企业生产的影响受到学者关注，并形成以新古典经济学理论为主要分析工具，相对一致的研究结论。它们认为，以生态环境保护为目的的环境规制政策将引致企业的非生产成本，进而对企业的研发和扩大再生产等有利于提高企业市场竞争力的资源投入产生挤出。因此，政府将不得不面临高环境标准与经济竞争力之间的选择。但上述观点受到管理学家波特的质疑。波特指出，恰当设计的环境规制将"倒逼"企业为了弥补规制成本而提高产出效率，反而引致其市场竞争力的提高（Porter，1991）。从内容描述看，波特假说与传统理论之所以得出相左的结论，并非因为传统理论错误，而在于二者研究视角的差异。传统理论中，环境规制与企业之间的关系是静态的，企业对规制的反应是短期的。这种条件下，规制的产生将不可避免地引致减排成本增加，进而对企业生产造成约束和压力。就这一点来说，传统理论是完全正确的。但如果将上述情形置于长期视角下，企业将对环境规制产生动态反馈。此时，就环境规制与企业竞争力之间的关系而言，所得到的结论可能完全不同。在包含短期效应的波特假说中，短期内，规制成本将挤出生产投资，不利于企业生产率和竞争力的提高。但长期内，面对环境规制，逐利性将"倒逼"企业通过技术进步和优化管理水平以提高其生产效率，弥补规制带来的利润损失，最终实现生态环境保护与企业竞争力提高的双赢。从结论看，微观视角下，"波特假说"为解决经济发展与生态环境保护之间的矛盾提供了一条可能路径。随后，大量学者围绕"波特假说"展开研究，逐渐形成了一个相对系统的理论体系，成为研究环境规制经济效应的重要理论依据。

1.1.2.5 分权理论

作为观察改革实践的重要窗口，中国式分权理论已经形成了完整而自洽的逻辑体系。作为"作对激励"的重要经验，分权逻辑为理解中国经济的成功提供了视角。中国式分权的核心内涵是经济分权与政治集权的紧密结合。一个基本的逻辑是，经济分权清晰合理地划分了中央和地方政府之间的利益关系，赋予地方政府分享和支配"剩余产出"的权力，为地方政府提供了经济发展的激励。政治集权的治理架构下，中央政府拥有足够的权威通过包括职位变动在内的手段对地方官员进行奖惩，形成"晋升锦标赛"，进而达到通过政策导向控制、规范和约束地方官员行为的目的。作为中国式分权的集中体现，"晋升锦标赛"的核心逻辑有二。其一，中央政府采用"相对增长绩效"作为政绩考核的主要指标和地方官员升迁的主要依据，一定程度上消除了因地区本身要素禀赋和发展水平的不同导致的增长差异，能够客观反映地方官员的能力与政绩，具有相对公平性。其二，在"晋升锦标赛"中，同级参比的特性造就地方政府间横向的"标尺竞争"，和纵向的"财政联邦"结合，形成"促发展的政府"（Qian et al.，1998）；"为增长而竞争"的激励被进一步强化。

有效的激励机制造就了中国的"增长奇迹"，但分权制度并非百利无害。在经济绩效为主的考核体系下，作为"政治人"，为在"晋升锦标赛"中胜出，地方官员为增长而竞争，偏好上马能够快速产生经济效应的产业。为凸显政绩，地方政府利用其对土地、能源等要素价格的支配权，通过压低要素价格的方式吸引投资落户，以促进辖区就业和提高财政收入，拉动经济增长，这是地方政府扭曲要素价格的基本动机。部分研究更加详细地指出，因工业增长带来的财政贡献和政治光环，要素价格扭曲呈现出明显的（重）工业偏向，不利于产业结构的优化与升级，并导致重复建设、产能过剩和环境污染等弊端，最终阻碍增长方式集约化转变。分权理论，成为解释过去一段时间内污染加剧和粗放型增长的重要逻辑。

1.1.2.6 小结

综上所述，"环境规制与增长可持续"这一选题拥有增长理论、外部性理论、可持续发展理论、环境规制理论等多学科理论基础，同时其本身也是具有迫切理论需求的话题。从上述理论背景涉及的几个方面来看，可持续发展理论居于逻辑核心位置。原因在于，环境问题归根结底是由自然资源和生态环境承载力的有限性决定的，这也是本书选题的逻辑起点和增长面临的主要现实约束。因此，考察增长的可持续性，应将相关约束条件纳入，这是宏观经济理论对本书的启发。如果将视线转移到单个市场主体，那么解决环境问题的必要性则体现在污染负外部性的处理方面。同时，分权理论为观察和解释上述经济现实提供了重要的制度视角。不难看出，前述各理论的共同结论是，如果希望实现持续增长，那么必须对污染行为实施以约束为目标的规制措施。而环境规制理论（波特假说）则从微观视角给出了一个生态环境保护与经济发展双赢的可能路径。

具体到本书的理论意义在于：研究目的和研究动机方面，在前人学者的基础上，从生态环境为生产提供的"环境要素"入手，以效率源泉及传导路径作为分析切入点和理论依据，不仅考察环境规制的技术进步效应，同时将环境规制的资源配置效应引入其中作为考察对象，进而构建一个更为完整和系统的理论框架，以全面梳理环境规制影响增长可持续的作用路径，并对二者之间的关系进行评价。研究方法方面，本书采用机理分析、逻辑推演、数理模型和计量工具相结合的方法，力求多角度分析环境规制的经济效应。研究视角方面，本书同时采取宏观视角、微观视角相结合的方法，从环境规制直接作用的客体（企业）入手，分析企业面对环境规制的反应行为，并以此为切入点，梳理环境规制引致资源配置效应和技术进步效应的逻辑机理，并最终以宏观数据加以实证检验，以期为环境规制提供更为系统的理论支撑，并为未来一段时间内实现增长可持续提供有益的政策建议。

再次重申，本书关注和讨论的主题是环境规制与增长"可持续性"之间的关系。本书试图证明的观点是："环境规制有利于实现效率改进与增长方式集约化转变，进而提高增长的可持续性"。该主题和语境下，"增长可持续"这一术语应当有如下界定和说明，以避免因对该术语理解歧义而引致的，对本书关注主题的不必要争议。这里的"增长可持续性"，是指增长的"可持续性"，意在强调持续增长的"可能性"，而并非"经济持续增长"本身。也就是说，本书观点可以理解为"环境规制有利于提高持续增长的可能性"。本书绝不认为，仅需加强环境规制，便可"坐等"持续增长的到来。从理论分析和中国发展的实践来说，随着环境约束趋紧，粗放模式下的经济增长面临挑战，如果政府对企业的排污行为不加干预，那么其后果是可以预见的：生态系统对污染的净化能力逐渐衰弱，人类社会自身将不得不承受污染带来的巨大成本。这种假设下，持续的经济增长绝无可能。换言之，有限环境容量的现实约束下，从理论上来说，经济的持续增长必然要求增长方式由粗放型向集约型转变，这其中暗含着与"以环境容量为代价的高排放增长模式"的互斥。也就是说，持续增长对环境要素的集约化使用提出了要求，本身就蕴含着环境规制的政策含义。上述论断不仅在理论上没有争议，同时也正被实践所检验。也就是说，环境规制是持续增长的必要条件。至于该条件是否具有充分性，本书认为，环境规制至少是持续增长的充分条件之一。简言之，没有环境规制，则经济的持续增长无法实现。

也就是说，如果希望提高经济持续增长的可能性，进而实现经济的持续增长，其根本条件是以效率改进为渠道的增长方式集约化转变。但效率改进需要多方面条件的支持，包括技术、要素、制度等多维度的要求，环境规制只是其中之一。但反过来说，如果没有（适当形式和强度的）环境规制，那么增长的可持续是难以达到，或者说是不可能实现的。从这个角度看，加强环境规制，有助于实现增长的集约化转型，进而提高持续增长的可能性（即有助于实现持续增长）。上述论断，正是本书试图通过理论创新所论证的观点。

无论怎样，"包含生态环境资源、能源资源在内的全要素生产率增长状况是决定经济长期增长趋势的关键因素"这一论断已经成为宏观经济学的基本共识，也成为本书研究思路的基本遵循。通过对效率增长状况的考察来判断经济体长期增长的可持续性，已经成为相关研究的基本思路，这是由环境要素对经济增长的必要性、环境要素即生态容量的有限性、环境要素与一般生产要素的不可替代性所共同决定的。上述简短的分析，即沿"环境规制—效率改进—增长可持续"这样一条主线展开分析和论证，构成了本书研究的基本逻辑。换言之，本书将环境规制能否显著促进效率改进作为判断其影响增长可持续性的依据。如果环境规制显著促进了各种效率的改进，那么即认为相关规制的存在有助于实现增长的可持续性，这是本书观点论证的基本思路。

1.2 研究内容与结构

1.2.1 研究内容

基于选题，本书的主要研究内容包括观点提出和观点论证两个方面。而观点提出又包括观点提出的理论与现实背景、相关文献的归纳、相关概念的梳理和相关研究的评述几个方面。在上述工作的基础上，提出本书的理论观点和分析框架，并对其进行机理分析和实证检验。上述步骤，是本书的主要逻辑结构，同时构成了本书的主要内容，下面进行阐述。

整体来说，除文献综述外，其余部分的主要内容如下。第一，分析生态环境在经济生产中扮演的角色，并就其具备的生产特征予以列举说明。这部分内容中，文章的基本结论是，生态环境为人类社会的生产提供了以"吸纳污染"为形式的"要素服务"，即"环境要素"，且该要素具备"与劳动、资本低替代性，与技术进步高替代性"的特征。第二，从"环境要素"这样一个全新的视角观察环境规制下，企业决策的因应变化，自然引出生产效率的变化，得到环境规制的经济效应。这部分，本书的基本结论是：环境规制提高了企业生产所必需的环境要素价格，并引致企业通过技术进步对该要素的使用加以替代，客观表现为企业生产效率（技术效率）的改进。第三，作为对上述第二部分内容的补充，本书将分析环境规制引致的环境要素配置效应。一般来说，具备完善机制的市场可以自动实现资源的有效配置。价格作为商品价值的信号，其变化必然引致企业生产的调整和资源再配置。作为环境要素这样一种特殊的生产要素，如前所述，环境规制的产生实际上提高了环境要素的价格，配置效应随之发生。具体来说，更高价格的环境要素将引致部分企业无力承担该要素的使用成本，从而退出市场，并使得要素在部分高效率企业集中。从这个角度看，环境规制实际上带来了"环境要素"配置效率的改进，即"错配"的纠正作用。对这三个子话题的研究，本书同时通过"理论分析加实证检验"的方法展开论证。

上述各模块构成了本书的主要内容，各模块间的内在关联构成了本书的写作思路，即：从"环境要素"的视角分析环境规制下，企业生产决策的因应变化，进而考察其引致的效率效应，以之作为判断环境规制与增长可持续之间关系的理论基础。

1.2.2 本书结构

立足于文章选题与写作逻辑，全书内容拟分为六个章节，具体安排如下。第 1 章内容为"导论"，旨在简单地给出文章选题的价值意义、主要内容与可能创新，从而形成对文章价值意义的简要叙述与文章主要轮廓的大致勾勒。在接下来的第 2 章内容中，作者聚焦文章主题所涉及的相关文献，并对其做分类综述，以期通过对已有研究的归纳与评述描绘出本书选题的理论背景。在此基础上，给出已有研究的不足之处与本书的写作出发点。在对相关文献归纳与述评的基础上，在第 3 章内容中，作者给出本书观点的理论框架及机理分析，并明确提出本书观点：环境规制将引致企业使用环境要素的成本变化，从而"倒逼"企业通过技术进步对环境要素的使用加以替代，并带来环境要素的再配置，最终有利于企业效率改进和增长可持续。这部分内容，是本书主要的理论创新。在随后的第 4 章和第 5 章内容中，我们将对第 3 章提及的理论框架与本书观点加以实证检验，相关讨论集中于环境规制带来的"技术效率"和"配置效率"两条主要的效率效应路径。在第 6 章中，我们将对全书加以总结，这部分内容是以"给出本书的主要结论、政策启示与研究展望"的形式实现的。

1.3　研究的重点难点与可能创新

1.3.1　研究的重点难点

从前述内容不难看出，本书实际上提出了一个相对新颖的理论框架对"环境规制与效率改进"之间的关系加以分析，这是本书最为主要的创新。那么自然的，该理论框架的构建成为本书的重点所在。构建该理论框架涉及的，各种变量之间关系的分析，以及本书观点的严密论证，成为本书面临的主要困难。

从内容来看，本书研究的重点是从环境要素视角论证"环境规制强化—环境要素价格上升—企业以技术进步替代/环境要素再配置—技术效率/配置效率改进—增长可持续性增强"这一论证思路暨逻辑链条的合理性，这就必然要求文章对上述链条的每一环节加以论证。实际上，除了"环境规制强化—环境要素价格上升"环节显而易见，以及"效率改进—增长可持续性增强"两个环节已经是学者公认的观点，无须花费篇幅论证分析之外，"环境要素价格上升—企业以技术进步加以替代/环境要素再配置—技术与配置效率改进"相关环节是作者尤其重视的内容。如果试图论证上述逻辑，一个最为重要的问题是：面对环境要素价格的提高，为何企业通过改进生产技术而非其他手段加以解决？其中的必然性何在？如果不能将这个问题阐述说明清楚，那么观点的论证很难说是严密的。因此，上述论证工作既是本书研究的重点所在，也构成了本书的主要难点之一。

除理论框架的提出与分析，本书还试图通过实证工具对相关观点加以检验，从而强化文章观点的可信度。这里同样存在一个论证难点。从理论框架看，强化的环境规制引致企业面临的环境要素价格更高，从而"倒逼"企业使用技术进步加以替代。而一般的生产率进步中实际上包括生产技术改进带来的技术效率进步和制度优化即资源再配置带来的配置效率进步两条路径，那么如何将两种效率路径加以量化、区分，并统一于本书的理论框架之下，是实证论证的难点和关键，本书将就此问题展开研究。

1.3.2　本书的可能创新

本书的可能创新集中于理论框架提出和实证检验两个维度。具体来说，理论框架方面，一是，本书详细阐述了生态环境在经济生产中扮演的角色及其生产特征，该切入点是相对新颖的。二是，本书从"环境要素的价格变化引致的企业生产决策变化及资源要素再配置"的视角，就环境规制与效率改进之间的关系加以阐述，所构建的理论框架为"波特假说"的成立提供一个解释和支持。三是，实证分析方面，本书基于环境要素价格变化的视角，详细论证了由该价格变化引致的技术效率效应及配置效率效应，为全面论证环境规制促进效率改进的逻辑机理提供了实证支持，从而为通过环境规制提高增长的可持续性提供理论依据。另外，在上述框架提出和路径检验的基础上，在环境规制引致的环境要素价格得以显性确定的条件下，本书提出了"构建环境要素市场"的建议。通过完善相应的市场与价格产生机制，推进该市场的市场化水平，从而实现市场在环境要素配置中的决定性作用，变环境要素市场上的"计划经济"为"市场经济"，最终为改善环境要素的使用效率和实现增长可持续提供制度保障。

第 2 章

文 献 综 述

本章就"环境规制与增长可持续"这一主题下的相关文献进行归纳梳理，并作简要评述。具体来说，文献综述部分涉及的主要内容包括：环境规制的概念界定与主要形式、环境规制的经济效应、可持续增长的一些讨论，以及本章小结。通过对上述几个方面文献的归纳和梳理，文章试图完成以下任务。第一，对本书涉及的重要术语进行概念上的界定，进而从文献评述的视角划定本书的讨论范围；第二，在对已有文献归纳述评的基础上，提炼出已有研究的主要贡献和不足之处，从而对本书的写作意义和边际理论价值形成强调；第三，在归纳梳理已有文献的基础上，提出环境规制与增长可持续之间的关系，作为理论框架和观点论证的基础，为后文的观点提出和实证分析做铺垫工作。

2.1 环境规制：概念界定、分类和主要形式

2.1.1 环境规制的概念界定

在研究的早期，污染的外部性和生态环境的公共品性质导致市场失灵，引致厂商在生产过程中过度排污和对自然资源过度开发，对政府通过制定和执行环境政策以干预市场提出了要求，并成为政府规制污染行为的契机。此时，政府针对环境问题的干预行为及相关政策被称为"环境政策工具"（彭海珍，任荣明，2003）。张弛、任剑婷（2005）指出，环境措施的核心是一国为了保护环境而制定和实施的，使环境成本内部化的规则。卡伦和托马斯（Callan and Thomas，2013）、陈德敏、张瑞（2012）

认为，环境污染问题主要由市场失灵引起。依据科斯定理，政府必须通过相关政策干预"环境市场"，从而实现对外部性的控制。具体来说，只有对相关经济主体的成本与收益进行再调整，才能有效治理环境污染，实现生态环境与经济增长的协调。该语境下，环境规制是政府为弥补市场失灵而出现的。因此，环境规制的实施主体自然是政府，其干预行为也以政策工具的形式出现（郭进，2019）。

另外，一个不言自明的逻辑是，如果希望实现环境质量的改善，那么必须减少污染物的排放；如果减少污染物的排放，将在一定程度上改善环境质量。基于此，大量研究认为，以减少污染物排放为目标的环境措施与环境规制在现实中具有一致的内涵，从而对"环境规制"与"污染减排措施"两个概念不加区别地使用（陈诗一，2010；余泳泽，2011；王兵、刘光天，2015）。在企业趋利和污染存在外部性的条件下，企业没有动机"自发"减排。这意味着，如果从"污染减排"的角度理解环境规制，那么环境规制本身就附带政府干预的色彩。在"市场失灵下的干预行为"这一语境下，理解环境规制的产生变得容易，但这并不能完整概括"环境规制"这一术语的全部内容。在前人的基础上，赵玉民等（2009）较为系统地梳理了环境规制概念的变迁与历史沿革，并在此基础上对环境规制进行全新的内涵界定："环境规制是以保护环境为目的，个体或组织为对象，有形制度或无形意识为存在形式的一种约束性力量"。以"约束性力量"的来源为依据，该文将环境规制划分为"正式环境规制"和"非正式环境规制"两种。在上述定义中，最为重要的两个限定语是"环境保护为目的"和"约束性力量"。前者体现了规制的目的，后者刻画了规制的本质属性；该概念实际上描述了一种有着明确目标的行为过程。可以认为，保护环境是环境规制的实施目标，环境规制实际上是以保护环境为目的的一些规制措施，包括排污费、排污罚金等处罚手段。显然，这一概念削弱了前人研究中对政府主体性的强调，着重从规制自身的属性和功能出发对环境规制予以定义，扩展了规制力量的来源，覆盖的范围更广，其内涵也更贴近"环境规制"这一术语的字面含义。正因如此，赵玉民等（2009）提出的概念界定成为国内对"环境规制"这一术语认可度较高的理解（屈小娥，2018；薄文广等，2018）。在本书接下来的分析中，对环境规制的理解与阐述，基于该观点展开。

从上述文献来看，一个最直观的结论是，随着发展阶段、发展水平的变化和对生态环境与经济发展之间关系认识的不断深入，研究者对环境规制的理解经历了一个由浅入深的过程，并呈现出不断变化的动态特征。从早期的"政府干预"到后来的"约束性力量"，这一概念变迁的过程中，环境规制的定义不断丰富，其本身的内涵也在不断扩展。这意味着，环境规制与经济增长之间的关系已经向更加紧密、更加融合的方向发展。

2.1.2 环境规制的分类和主要形式

如前所述，参考赵玉民等（2009）提出的定义与概念界定，我们将环境规制理解为"以环境保护为目的的约束性力量"。根据企业面临环境规制措施实施主体及实现形式的不同，将环境规制分为正式环境规制和非正式环境规制。其中，正式环境规制是指，以环境保护为目标，个人和组织为对象，各种有形的法律、规定、协议等为存在形式的约束性力量。正式环境规制又可分为以行政命令为主要形式的"命令控制型环境规制"和以市场为基础的"市场激励型环境规制"两种。上述两种环境规制通常被称为"显性"环境规制，即以政府及相关行政、管理部门为实施主体的环境规制措施。从已有研究来看，考察环境规制政策效果的研究中，关注正式环境规制的文献在数量方面占多数，但也有部分研究关注以公民的环境保护意识为代表的非正式环境规制。下面就几种主要的环境规制形式加以说明。

2.1.2.1 命令控制型环境规制

命令控制型环境规制是指，由中央或地方政府制定和颁布的，旨在直接影响企业做出有利于生态环境保护行为的法律、法规、政策和制度。常见的命令控制型环境规制包括建立污染状况评估体系、设定和检测污染物排放总量及浓度指标、规定企业必须使用的减排技术标准等。因这种规制措施具备行政命令的属性，因此具有一定程度的强制约束力。从概念来看，命令控制型环境规制的实现前提是建立各种环境监测体系，从而对相关环境指标进行监控，因此一般来说，命令控制型环境规制的实施面临较高的执行成本。同时，因其行政命令属性伴随强制约束力，多以企业关停等粗暴的执法方式实现，对规制地的经济社会发展影响较大。这种减排措施，在污染重区和亟须短期内改善生态环境质量的地区是常见的。已有研究中，彭星、李斌（2016）使用环境行政处罚案件受理数、两会环境提案数、环评制度执行率和"三同时"执行合格率等指标来衡量命令控制型环境规制强度。贾瑞跃、赵定涛（2012）及贾瑞跃等（2013）将中国各省份历年"三同时"执行合格率作为命令控制型环境规制指标的刻画。王红梅（2016）采用地方环保法规数量、环保系统的工作人员所占比重，以及当年本级环保机构行政处罚案件数与当地企业数的比重，分别从数量、投入和强度三个维度对命令控制型环境规制进行表征。整体来看，相关变量的选取体现了命令控制型环境规制的基本特征，与其概念是相符的。

2.1.2.2 市场激励型环境规制

与命令控制型环境规制不同，以市场机制为基础的市场激励型环境规制是指政府利用市场机制设计的，借助市场手段通过合理配置排放权以引导企业减排行为，最终达到提高排污效率和控制污染物排放总量目的的环境规制手段。从概念描述看，市场激励型规制措施本质上是通过基于行政权力的市场激励提高企业的排污成本，从而形成排污门槛和对排污企业进行筛选，最终使得部分企业无力支付排污成本而失去排污权力，被迫退出市场。显然，市场激励型环境规制是一个基于政府行政权威的，具有针对性的市场干预行为。从市场角度看，排污成本产生以后，便具备了形成排污市场的基本条件。规制措施生效的机理在于强化了市场机制带来的排污权配置作用，进而提高了整个市场的排污权配置效率。但必须指出，一般的市场激励型环境规制在制度安排方面仍存在改进空间。这一点，将在后文展开更为详细的分析和说明。

以排污许可证的设计和发放为例。政府只需设定理想的排污总量（一般来说，这一总量小于实际排污量），以此为基础设计并在市场中流通额度及数量不等的许可证，并规定对应价格，就可以构建排污市场，进而发挥市场机制优胜劣汰的筛选和配置作用。在市场中，实力雄厚的企业（一般情况下也是效率较高的企业）通过支付一定的成本购买排污许可证，从而实现合法排污。实力稍次的企业则只能支付较少的成本购买较少数量的许可证，实力最次的企业可能因无力支付许可证成本而不得不退出市场。因此，排污许可证市场的构建实现了两个目的：一是，降低了污染物排放总量（只需设置许可证对应的排污量）；二是，提高了排污权的配置效率。不难推测，如果许可证是可买卖的，那么最终获得许可证的企业应该是出价相对较高的企业，而足以支付高价的企业一般具有更为雄厚的实力和更高的产出效率。因此，上述过程同时实现了对生产主体的效率识别与排污权配置。另外，排污费、排污税和污染补贴等形式的市场规制虽然没有明确限定污染物的排放总量，但相关税费同样提高了排污门槛，一定程度上起到优化排污效率和限制污染物排放总量的作用。已有研究中，因数据可得性，排污费收入成为刻画各地区市场激励型环境规制的主要指标（廖进球、刘伟明，2013；王小宁、周晓唯，2014；申晨等，2017）。

相较于命令控制型规制工具，上文描述的市场激励型规制工具已经具备较大的效率改进特征，并一定程度上规避了前者对生产的抑制作用。但其缺陷在于，该市场的"价格"产生和决定机制不合理。从现实来看，短期内，环境规制强度是一个确定的量化指标，该量化指标并非由"市场供需"决定，某种程度上"外生"于经济系统。这就对效率的进一步改进产生两方面的不利影响。一是，其价格难以准确、及时地反映其实际价值。二是，该价格决定机制滞后于市场的发生。上述两个方面，将导致市场在资源配置中的作用受到制约，从而不利于其发挥效率改进的作用。

2.1.2.3 非正式环境规制

非正式环境规制是指个体内在的环保思想、环保观念、环保意识、环保态度和环保认知等对污染物排放行为产生制约和对生态环境保护产生积极作用的内在价值观念因素。随着经济社会的发展和受教育水平的提高，公众环保意识逐渐增强，公众的消费偏好和消费行为逐渐转向环境友好型产品。互联网技术的发展也使得媒体传播公众意识的能力和效率远超以往。因此，企业的环境不友好行为将迅速为公众所知晓，并最终导致市场对该企业的不良评价。这种非正式的"货币投票"将一定程度上提高环境友好型产品的市场占有度，进而对企业的环境保护行为产生正向激励，对不当排污等环境不友好行为产生制约。卡图里亚和斯特纳（Kathuria and Sterner，2006）指出，企业在环境保护方面的行为可能引致公众对其产品的态度变化，并存在社会声誉效应，这将一定程度上影响企业的市场占有率和生产成本，因此企业对其有一定敏感度。简言之，非正式环境规制取决于公众对环境问题的态度（Dasgupta and Wheeler，1997；Kathuria，2007；Cole et al.，2008）。当然，公众对环境问题的态度取决于其对生态环境保护和当地经济发展的取舍。在一些贫困地区，公众更倾向于通过透支生态环境资源来换取就业、收入和医疗等民生资源。也就是说，非正式环境规制的生效可能存在一定的发展水平门槛。同时，考虑到非正式环境规制既缺乏行政命令式规制的强制约束力，且其在市场激励方面的力度也不如征收税费等直接的经济刺激手段，因此对环境保护的实际作用可能相对较弱。国内研究中，张三峰、卜茂亮（2015）以谷歌趋势搜索"环境污染"关键字的指数刻画公众对环境问题的关注。徐圆（2014）使用公开媒体关于环境污染新闻的报导数量作为非正式环境规制强度的代理变量。原毅军、谢荣辉（2014）以各地区受教育年限作为非正式环境规制的刻画，研究了环境规制与产业变迁之间的关系，经验分析支持了非正式环境规制的显著经济效应。

2.1.2.4　几种规制方式的比较

首先，通过对上述文献的梳理，从实证结果来看，本书得到的一个基本结论是，无论是对污染物排放的总量约束，或者是其他的经济"倒逼"效应（产业结构升级、绿色全要素生产率改善等），非正式环境规制与正式环境规制均显著存在，但非正式环境规制的作用一般小于正式环境规制。这说明，未来一段时间内，污染治理的政策工具选择方面，仍应当以正式环境规制为主，非正式环境规制为辅。同时，多规制方式的并存与协同是提高环境规制效率的重要渠道。

其次，作为污染治理和减排的主要手段，就正式环境规制而言，命令控制型减排手段和市场激励型减排手段各有优劣。一般来说，如前所述，命令控制型减排手段具备行政命令属性和强制约束力，短期内减排效果最为显著，但其面临规制成本高、信息不对称等缺陷。大量案例表明，命令控制型减排政策最终以企业关停告终，损害了企业效率并抑制其生产积极性，付出的发展代价较大。而市场激励型环境规制为企业自身的发展转型提供了能动空间，通过物质激励调动企业发展转型的积极性，引导企业通过更新设备、研发绿色技术等途径提高效率，激励企业转向资源节约和环境友好型生产，因此更有利于实现环境保护与经济社会发展的双赢；但这种规制措施有着时间跨度及更加合理巧妙的制度安排等要求（赵玉民等，2009；薛伟贤、刘静，2010）。

最后，必须指出的是，上述分析只是根据环境规制特点所做的理论推演，而非一般的普适性结论。环境规制工具的选择应当因地制宜；因各地区所处生态环境、发展阶段、发展状况和产业结构的不同，必须有针对性地选择合适的政策工具。举例来说，相较于命令控制型环境规制，尽管市场激励型政策工具具备较高的规制效率，但面对生态环境较为脆弱或者污染形势十分严峻，生态负载已经临近或超过当地生态承载阈值的状况（如中西部地区所辖的部分重工业及资源城市），要求必须在较短的时间内停止污染，以防止生态环境损害的加剧引致不可逆的恶劣后果。此时，必须使用命令控制型规制工具以发挥其强制约束作用，然后逐渐引导企业的绿色转型。相反，在一些市场化水平相对较高和产业结构相对合理，环境质量相对可观的地区，则更宜使用对经济发展影响更小且效率更高的市场激励型环境规制。在教育水平更高、媒体行业更为发达的高发展水平地区，群众的环保意识更为强烈，此时应当着重提高公众对环境保护工作的参与度，以进一步提高污染治理效率，形成对企业绿色转型的引导和激励。

2.2　环境规制的经济效应

对环境规制经济效应的考察与分析是生态环境保护和经济发展双赢理论的基础。因此，环境规制主题下的文献，以此类居多。根据研究视角的不同，我们将已有文献划分为微观企业视角、中观产业视角和宏观区域视角加以归纳梳理。在这种划分视角下，我们可以清楚地展示已有研究中环境规制经济效应的研究脉络和主要结论。原因在于，产业和区域发展状况是由企业发展状况构成和决定的，其状态是企业发展状态的综合体现。而环境规制直接作用的客体是企业，因此由企业入手考察其对环境规制的反应有利于我们从根本上理解环境规制产生经济效应的微观机理。同时，在企业视角的基础上，我们可以自然地将结论推广到中观产业视角和宏观区域视角并加以理解，进而对各层次视角下环境规制的经济效应有一个相对清晰的认识和相对完整的把握，从而得到一些关于本书主题"环境规制与增长可持续"的启发。事实上，这也是已有文献的重要分析逻辑。

2.2.1　环境规制的产出效应：微观企业视角

环境规制引致的企业行为，是环境规制与增长可持续之间关系的微观基础，也是环境规制的中观产业效应和宏观区域效应的内在机理。微观视角下，对环境规制经济效应的分析，有利于我们理解其中观产业效应和宏观区域效应。因此，在环境规制经济效应的分析中居于核心地位。在本小节文献梳理中，我们重点归纳已有文献中机理说明的部分，以清晰地展示环境规制引致增长可持续的内在逻辑。在评述中，我们也会有相应侧重。

从企业视角考察环境规制的经济效应，最为重要的观点及文献是波特假说。在以新古典经济学为代表的传统经济理论中，环境标准的提高将不可避免地给企业带来环境成本，从而一定程度上制约企业的生产效率和市场竞争力，这就是所谓的"成本增加效应"。杰斐等（Jaffe et al.，1995）指出，美国政府所主导的高环境标准和以减排为目标的环境规制引致相关企业担负高昂的经济成本，最终削弱其在国际市场中的竞争力，并导致美国的高额贸易赤字。但波特（Porter，1991）指出，恰当设计的环境标准与环境规制将有助于企业创新技术、改善生产，进而提高产出效率与市场竞争力，这在部分文献中被称为"创新补偿"效应。波特的上述论断被称为"波特假说"（Porter hypothesis）。随后，这一观点在另一篇文章中得到了更为清晰的解释和说明（Porter and van der Linde，1995）。

尽管波特的分析与论证颇有道理，但在早期的研究中，波特假说的实践价值并不被认可。杰夫和帕默（Jaffe and Palmer，1997）指出，以美国为例，并没有发现以产业发展为目的的环境保护法规。辛普森和布拉德福德（Simpson and Bradford，1996）同样认为，以环境政策为手段刺激产业发展在实践中的失败率远高于成功率，因此其理论的可行性面临挑战。帕默等（1995）则指出，波特假说没有考虑环境管制的成本付出，其免成本（cost free）的假设是错误的。许士春（2007）认为，环境规制可能引致企业成本。在产品差异化和企业的环境态度等方面，因企业所处市场地位不同、成本转嫁消费者能力存在差异及市场需求不确定等因素，波特假说的成立不具备普遍性，因此不应盲目相信。随后，大量实证研究集中于对"波特假说"的检验。就研究结论而言，绝大多数学者肯定了波特假说中描述的，减排政策对企业竞争力的促进作用。伯曼和裴（Berman and Bui，2001）基于洛杉矶石油冶炼业考察了针对空气污染的环境规制与企业生产率之间的关系，发现规制一定程度上提高了企业的生产效率。赵红（2008）基于1996～2004年大中型工业企业数据，实证检验了环境规制对企业技术创新的影响。结论发现，环境规制在中长期内促进了企业的技术创新。张三峰、卜茂亮（2011）基于12座城市企业的调查问卷数据，实证分析了环境规制与企业生产率之间的关系，发现二者之间存在显著的正相关关联，说明污染控制政策对企业生产率的提高起到了积极作用。童伟伟、张建民（2012）基于世界银行2005年对中国制造业企业的调查数据考察环境规制对企业技术创新的影响。他们发现，环境规制显著促进了企业的研发投入，且该效应存在显著的区域异质性。颉茂华等（2014）以重污染行业企业为观察样本，实证检验了环境规制与企业研发支出之间的关系，发现环境规制的确显著地促进了企业的研发投入。蒋为（2015）利用世界银行营商环境调查中中国企业的问卷调查数据，实证检验了环境规制与中国制造业企业研发创新之间的关系，发现环境规制对中国制造业企业研发创新决策与资金投入均具有显著的正向影响。

随着社会的快速发展和经济的不断扩张，环境问题在全球各国愈演愈烈，环境规制的必要性不断凸显，波特的两篇经典文献及波特假说本身不断引起学者关注。这里，我们试图作详细的分析和评述，从而对波特假说和新古典增长理论之间的矛盾做进一步的说明和辨析。实际上，在波特的文章中，我们发现，其假说与新古典增长理论之间的关系是互补而非互斥的，二者共同组成了分析环境规制经济效应的逻辑基础。而该论断对于理解已有研究中环境规制与企业竞争力之间的经验结果是十分重要的。波特的两篇文章详细分析了恰当设计的环境规制促进企业竞争力的内在逻辑。首先，波特指出，传统的新古典经济理论之所以得出高环境标准削弱企业竞争力的结论，原因在于，传统经济理论以静态的视角分析企业面对高环境标准的行为和状态。在技术、管理水平、市场需求等条件固定不变的情况下，更高水平的环境标准意味着更高强度的环境规制，将不可避免地引致减排成本，从而对企业生产部门的研发、营销等资源产生挤出，不利于企业市场竞争力的提高。但上述静态分析不能完全刻画现实状况，原因在于，现实中，企业竞争力本身已经不是静态不变，而是随着技术进步、管理水平，以及外部市场瞬息万变。这种情况下，企业自身已经具备不断创新和提高产出效率的条件。此时，如果企业面临恰当强度和合适形式的环境规制及减排成本，后者将进一步激发企业提高其生产效率的市场进取心；而广阔的技术进步和创新空间则为减排成本加成下的企业效率提高提供了可能，即"创新补偿效应"。也就是说，波特假说和新古典经济理论之所以得出不同的结论，其关键在于观察"企业对环境规制的反应"这一现象的视角存在长短期维度上的差异，这也成为环境规制对企业市场竞争力产生积极作用的理论基础。

尽管波特在动态视角下得出了长期内可能存在创新补偿效应的结论，但其分析并未否认短期内的成本增加效应。也就是说，新古典经济理论下"环境规制制约企业发展"的结论与波特假说即"创新补偿效应"并非矛盾。实际上，波特假说中内涵了新古典经济理论中的结论。原因在于，短期内，环境规制的生效是即时的，但企业尚来不及通过调整生产要素在各部门间的配置来实现生产技术的提高，也不足以通过改进管理水平来实现生产效率的进步。此时，创新补偿效应尚未生效，而成本加成效应已经产生。这段时间内，企业不得不将原配置于生产部门的资源转移至污染处理部门，从而使得生产部门受到发展资源不足的制约。此时，仅存在成本加成效应而不存在创新补偿效应。部分地区的现实状况正如静态视角下观察到的那样，环境规制制约了企业生产效率的提高。但长期内，在逐利性的激励下，企业将逐渐转向绿色生产，实现创新补偿效应。如果以一个时间维度连贯的视角观察环境规制下的企业生产率变化，一个容易得到的结论是，给定恰当强度的环境规制后，企业生产率的变化将呈现出先下降后上升的 U 型特征。该结论的一个推论是，随着环境规制强度的增加，"倒逼"作用递增，创新补偿效应可能更快地到来。当然，如果环境规制的强度继续提高，直至其引致的成本加成超过大多数企业所能达到的创新补偿效应水平或成本承受范围，那么企业的市场竞争力将呈现出持续性的下降。此时，环境规制与企业竞争力之间的关系将呈现出先下降，再上升，再下降的倒 N 型曲线。从已有研究来看，大部分经验分析支持了环境规制与生产率之间的 U 型及线性关系（李婉红等，2013），这可能意味着我国的环境规制强度仍有较大的提高空间。

从经验分析文献来看，一个基本结论是，波特假说是成立的。也就是说，绝大部分研究都支持了环境规制对企业市场竞争力的促进作用。但相关文献又分为两类。一类文献以研发创新领域的投入刻画市场竞争力。需要说明，仅以此为依据尚不能完全论证波特假说的正确性。原因在于，在以研发投入或者支出为指标刻画企业效率时，我们无法断定研发投入的领域和部门。逻辑上讲，研发投入的领域可能有三种情况：完全投向生产领域以提高产出效率、完全投向治污领域以实现生产清洁和同时投向生产领域和治污领域，后者一定程度上可以同时实现生产效率的提高和生产绿色化。从规制的来源看，规制的主要目的是使企业的生产达到环境标准，因此企业有动机将研发投入置于治污部门。此时，必然对生产部门的研发产生挤出效应，不利于企业生产率的提高。因此，另外一类检验波特假说的文献以环境规制对生产效率的"倒逼"作为波特假说成立的依据，在逻辑上是相对严密的。总的来说，已有研究中绝大部分的结论对波特假说是支持的。也就是说，减排政策的确可以实现企业生产率的提高。但考虑到环境规制及绿色增长转型的相关政策可能常态化，也就是排污成本的常态化，这意味着将生产资源置于污染处理部门成为可能成为企业生存的必然选择。

另外，波特假说并不是企业视角下环境规制经济效应的全部。如前所述，产出效率的源泉有两个，一是技术效率，二是配置效率。传统的波特假说中，减排政策对企业竞争力的促进尚属于技术效率改进的层面。除波特假说外，还有一些学者关注了环境规制的资源配置效应。通贝和温特（Tombe and Winter，2015）注意到，因各企业产出效率和经营水平的差异，环境规制对不同企业造成的成本加成及影响有所不同。也就是说，对于不同的企业，减排政策具有显著的"非对称"性，这种"非对称"性可能带来资源的再配置，即资源配置效应。在国内，韩超等（2017）较早地考察了总量约束形式减排政策的资源配置效应，发现约束性污染控制具有显著的改善资源配置效率的作用。但遗憾的是，它们并没有就这一"配置效率"产生的内在机理做进一步的分析。"环境规制的资源配置效应"这一主题，仍存在研究的空间。

2.2.2　环境规制的产出效应：中观产业视角

环境规制的经济效应在产业视角下的体现实际上是对应产业中企业效应的加总。因污染排放与工业产业发展的密切逻辑，大量关于"波特假说"的扩展研究集中于此。产业视角下，以研究对象为依据，我们可以将减排政策经济效应的相关文献归纳为两类。一类关注某特定产业的效率改进效应；另一类侧重考察经济体中各产业的相对发展变化，即结构变迁效应。前者可以理解为波特假说引致的企业效率提高在产业中的加总表现，因此相关研究仍然是对波特假说的检验，或至少包括波特假说中的创新补偿效应。但严格来说，后者，即结构变迁效应，与波特假说并无逻辑上的明显关联。原因在于，就产业结构升级来说，相关过程并没有过多涉及波特假说中所强调的，对单个企业竞争力的"倒逼"问题，而旨在强调环境规制所带来的，要素在不同产业间的流动。但毋庸置疑，这同样是环境规制经济效应的重要组成部分。其重要性体现在，产业结构变迁所引致的企业在产业间的退出和进入将带来产出效率的不断变化，从而成为"结构红利"的重要源泉。

产业效率方面，张成等（2011）以各地区工业部门为观察样本，在数理模型推演的基础上考察了环境规制与企业技术进步率之间的关系。文章发现，在东中部地区，环境规制与技术进步之间呈现 U 型关系，证实了存在越过拐点后，节能减排与技术进步之间的双赢路径。李玲、陶锋

（2012）以我国 28 个制造业为观察样本，以污染程度作为分类标准，分别考察了环境规制与绿色全要素生产率、环境规制与技术创新，以及环境规制与技术效率之间的关系。研究发现，中度及轻度污染行业中，规制强度与三个效率指标之间呈现 U 型关系，支持了有条件波特假说的成立。殷宝庆（2012）测算了 2002～2010 年我国制造业行业的绿色全要素生产率，并考察环境规制对绿色全要素生产率的影响。结论发现，规制强度与制造业绿色全要素生产率之间整体符合 U 型关系，但该关系在不同污染程度的行业中存在差异。蒋伏心等（2013）以 2004～2011 年江苏省 28 个制造业行业为考察对象，就环境规制与企业技术创新之间的关系进行检验，得出了相似的结论。整体来看，上述几篇文献代表了国内已有研究中产业视角下环境规制即减排政策经济效应的研究结论与观点。它们发现，环境规制与技术进步、产出效率或者技术创新之间的关系要么呈现线性正相关，要么呈现显著的 U 型（或 N 型）。其结论的共同点是，基本肯定了存在污染减排与效率提高双赢的可能性，也就是波特假说的成立性；并指出，只要对产业施加合理强度的环境规制，就能够实现增长的绿色转型。

产业结构升级方面，原毅军、谢荣辉（2014）在国内较早地考察了环境规制的产业结构变迁效应。在该文中，它们发现，严厉的正式环境规制能够倒逼污染密集型产业产生优胜劣汰的筛选效应，并淘汰落后产能，因此得以驱动产业结构调整。肖兴志、李少林（2013）通过理论分析指出，环境规制主要通过需求、技术创新和国际贸易传导三种途径影响产业升级。随后，该文以省级数据对相关机理进行了证实，最终发现，总体来看，我国的环境规制对产业升级产生了积极的促进作用，且该作用存在显著的区域异质性。龚海林（2013）提出，环境规制可能通过消费需求、投资需求、技术创新、壁垒效应、国际贸易等途径影响产业结构，并构建计量模型加以检验。基于省际面板数据的实证结果和经验分析表明，环境规制通过投资结构对产业结构优化升级的影响最为显著。李眺（2013）则考察了环境规制对服务业发展的作用，发现整体而言，二者呈现显著的正相关关系，但该关系存在区域异质性。钟茂初等（2015）研究了各地区环境规制与产业转移及结构升级之间的关系。它们发现，环境规制与地区产业转移、环境规制与地区结构升级均呈现 U 型关系。王双燕等（2016）发现外商直接投资对产业结构高级化有抑制作用，但环境规制对该抑制有缓解作用，因此有利于产业结构高级化的推进。时乐乐、赵军（2018）则发现，减排政策有利于实现产业结构的升级，但这一效应是通过技术进步来实现的。也就是说，严格的环境规制促进了技术进步，最终促进产业结构的升级。

从上述实证研究及经验分析来看，它们得到的结论具有很强的一致性：几乎所有的研究均发现，存在环境规制"倒逼"产业效率提高和产业结构升级的实现路径（尽管这需要包括规制强度在内的一些条件）。这是对相关文献归纳所得到最直观和最主要的结论。同时，我们发现，大量研究中环境规制的产业结构效应并非线性，而是呈现出 U 型和 N 型关系，这一定程度上印证了前文中关于企业视角下环境规制经济效应的分析：短期内的成本加成效应和长期内的创新补偿效应共存。

2.2.3　环境规制的产出效应：宏观区域视角

事实上，在前文关于"中观产业视角"的文献梳理中，我们已经涉及宏观区域视角下环境规制暨减排政策的经济效应，例如区域产业结构和区域产出效应。与之不同的是，在本小节，我们重点强调区域视角下环境规制的产出效率效应。即，环境规制对区域整体产出效率的作用，而非对区域某产业产出效率的作用。这里的区域效率效应，实际上是区域各产业效率效应的加总与综合。通过归纳梳理环境规制的区域效率效应相关文献，我们可以得到一些关于区域发展的政策建议和通过环境规制实现区域发展转型的启发。

宋马林、王舒鸿（2013）在传统劳动与资本生产要素的基础上，将能源消费和工业污染排放引入 DEA 模型，进而实现了对各省份环境效率的测算。在此基础上，考察了技术与环境规制对环境效率的影响作用。实证研究发现，技术与环境规制对环境效率存在正向的促进作用。李胜兰等（2014）考察了环境规制对区域生态效率的影响，发现了相似的结论，即减排政策一定程度上促进了生态效率的改善。但需要指出的是，它们所使用的生态效率指标尽管也是基于考虑非合意产出的 DEA 方法测算得到，并使用工业增加值作为合意产出，以工业排污作为非合意产出；但是与前文不同，核算效率指标的过程中，该文仅选取工业用水和能源消费两种自然资源作为投入要素，而没有考虑传统的劳动和资本要素。从它们的指标选取来看，这里的生态效率实际上是对水、能源两种自然资源的使用效率。陈德敏、张瑞（2012）基于 DEA 技术，以物质资本、人力资本及能源消费作为投入要素，以 GDP 作为合意产出，以化学需氧量（COD）及二氧化硫排放作为非合意产出，核算了"全要素能源效率"，并考察了环境规制对各地区全要素能源效率的影响。研究发现，规制监督的强化对能源效率改善有显著的积极作用。叶祥松、彭良燕（2011）以实际GDP为期望产出，以三废（废水、废气和固废）为非期望产出，以各地区劳动和资本作为投入要素，基于DEA技术测算出ML指数作为全要素生产率的刻画，发现在强环境规制下，全要素生产率有显著提高。罗能生、王玉泽（2017）以从业人员数、固定资本存量、区域面积、能源消费量、用水量刻画投入要素，以各地区GDP作为期望产出，以工业三废的产生量作为非期望产出，以包含上述非期望产出的超效率SBM模型对各地区"区域生态效率"进行测算，并在此基础上考察了环境规制与区域生态效率之间的关系。研究发现，不同类型的环境规制与区域生态效率之间存在显著的异质性。具体来说，"治理投入型"环境规制与生态效率之间存在U型关系，"经济激励型"环境规制在全国及区域层面对生态效率均没有显著影响。

从上述文献来看，我们发现两个值得重点关注的结论。一是，研究工具的单一性：几乎所有关注区域产出效率的研究中，均使用了引入非合意产出的数据包络分析技术（DEA）和松弛变量模型（SBM）。这与效率考察工具的选择空间有关。二是，研究结论保持了相对的一致性：环境规制的各种经济效应仍以对波特假说的支持为主，即存在不同方式的，通过节能减排实现绿色发展转型和优化经济结构的路径。除上述主流研究方向和研究选题之外，部分学者还关注了区域视角下环境规制与经济增长、环境规制与就业、环境规制与进出口贸易及环境规制与其他经济变量之间的关系，同样得到了支持波特假说的结论（熊艳，2011；原毅军、刘柳，2013；陆旸，2009；王勇等，2013；杨涛，2003；邵帅，2017）。

2.3　中国式分权、地方竞争与环境污染

2.3.1　中国式分权及其现实背景

要研究中国地区的经济和环境问题，就不得不考虑地方政府的行为及其背后的激励（Weingast，1995；Qian and Weingast，1997；Qian et al.，1999）。原因在于，中国的经济运行基于这样一个基本现实：地方政府掌

握着足以影响整个经济的发展方式和发展水平的大量资源，包括土地、能源及资本等生产要素。也就是说，地方政府的经济行为是解释区域发展水平及发展方式的重要依据。从这个角度看，地方政府对经济的干预及其背后的逻辑是理解当前中国经济遇到各种问题的重要切入点，同时也是解决相关问题的重要参考（Lin and Liu，2000；Zhang and Zou，1998；张晏、龚六堂，2005）。

在地方政府对经济干预和引导的行为中，大量学者聚焦于中国式分权及其引致的地方政府竞争这一独特视角，并以此作为理解过去一段时间内环境污染加剧、环境治理失效和粗放式增长的重要分析框架。本小节就中国式分权这一理论框架做简单归纳和提炼，并在此基础上使用这个框架梳理中国的环境污染及环境治理相关问题。所谓中国式分权，是指政治上集权与经济上分权相结合的一种治理架构（王永钦等，2007）。政治上的集权是指，中央政府掌握着全部的政治资源，并按照自己的偏好和规则向地方政府逐级分配①。因此，中央政府有足够的权威通过对地方政府进行包括官员晋升和罢免在内的多种方式激励和控制地方政府的行为。另外，在经济发展领域，却呈现出明显的分权特征：地方政府拥有控制和使用一定经济资源的自主权力，因此拥有足够的空间通过自身努力实现当地经济的发展。从中国式分权的视角来看，中国的治理架构实际上构成了一个政治领域内简单的委托代理问题。其中，中央政府（或上级政府）是委托人，地方政府（或下级政府）是代理人，地方政府（或下级政府）须按照中央政府（或上级政府）的意志进行地方治理和实现经济社会发展。但考虑到在中国这样一个疆域和人口双重意义上的大国，中央政府对地方政府的监管面临着明显的信息不对称，导致监管成本较高。因此，中央政府需要设置一个足够显著的信号，以识别各地方政府为地方经济发展做出的努力及成就，并以之作为其政绩量化与考核的基础。考虑到经济发展水平这一指标与地区自身发展水平、地区要素禀赋及地区所处的发展阶段密不可分，将这一指标视作考核标准将一定程度上导致地方政府官员本身的努力不可识别，从而失去考核与激励的效果。因此，大多数情况下，政绩的考核是基于经济的增长率而非绝对量展开的。以 GDP 增长率为政绩指标的设定形成了对各地方政府追求 GDP 增长率的激励。考虑到官员晋升实际

---

① 关于"政治上的集权"，这里做特别申明：本书仅讨论其对资源配置及经济发展目标的影响作用，而不涉及政治体制的讨论，全书如此。

上是一个典型的零和博弈（一名官员的晋升将导致其他官员失去对该职位晋升的可能），这大大加剧了同级别官员面临晋升竞争的残酷性和激烈程度，从而形成了一种基于上级政府评价的，自上而下设定标尺的地方政府间竞争，如一个地级市的各区县或者一个省的各地级市。在 GDP 增长率为标准的考核体系中，地方政府将调动各种可能的资源致力于 GDP 增长。但考虑到单一的 GDP 增长指标并没有完全覆盖政府作为社会治理主体的全部职能，这导致地方政府对社会治理其他方面的忽视，并引发诸多社会问题。

2.3.2　减排与增排：分权与政府竞争视角

在给定上述条件即中国式分权的制度安排下，我们使用该理论框架分析中国的环境污染问题。前文已经就经济绩效为主要指标的考核体系下，地方政府面对的晋升激励与地方政府间竞争进行背景说明。大量研究认为，这正是导致污染问题的重要原因。理由是，在发展水平相对落后的中西部地区，其产业结构以第一、二产业为主，又因工业产业对经济增长的拉动作用明显，故成为各地方政府重点关注和扶植的对象。为了迅速实现工业产业的发展以产生经济拉动效应，地方政府的公共政策发生明显的扭曲，表现为将各种资源及努力分配到有利于工业增长的领域。作为污染产生的主要部门，地方政府甚至以牺牲环境为代价换取工业增长以拉动经济（郭志仪、郑周胜，2013；张克中等，2011；邓玉萍、许和连，2013）。实际上，无论是经济增长还是污染治理，都是政府所必须关注的社会管理工作与不可或缺的管理职能。在发展资源有限的条件下，地方政府将面临上述几个问题的取舍和权衡。也就是说，就地方政府而言，环境治理工作一定程度上内生于经济增长状况。这一环境治理的"非独立"性直接导致环境治理的低成效。同时，这一"晋升指挥棒"将引致地方政府对经济的扭曲与不当干预，其后果是，由于各地方政府间的晋升竞争关系，地方政府不仅对辖区内企业的排污行为产生一定程度的纵容，更有甚者，产生"向底线赛跑（race to the bottom）"的现象。地方政府为争取外商投资等生产资源落户，纷纷降低自身环境标准，扭曲要素价格，以降低外商投资落户的成本，最终导致过去一段时间内高排放和高增速并存的粗放增长（Fredriksson and Millimet，2002；杨海生等，2008；张文彬等，2010）。

对上述内容加以归纳所得到的一个结论是，从分权视角来看，政府对经济领域的治理实际上是政治领域的延伸。中国的经济问题带有一定的政治色彩，成为独特的"政治经济学"问题。而环境污染，不过是地方政府竞争下，对经济增长过度追求的一个"副产品"。这说明，在"中国式分权"这一现实治理架构和条件下，"作对激励"十分重要（王永钦等，2007）。因此，对地方政府施加正确的行为激励将是未来一段时间内改革的重点和经济持续健康稳定增长的关键之一。

2.4　可持续增长：概念界定和讨论

2.4.1　全要素生产率与可持续增长

顾名思义，持续增长即产出持续而不间断的增长。自然的，增长核算方程成为增长的重要核算框架与考察增长的重要分析手段。作为增长结构分析工具，索罗于 1957 年提出的索罗模型（Solow model）在核算增长结构及判断增长可持续性方面具有重要价值（Solow，1957）。在索罗模型中，产出的增长被分解为各投入要素所带来的增长和"索罗余值"（又称"索罗残差"）所带来的增长之和。大量学者认为，该"索罗余值"，即是包括制度优化和生产技术改进在内的广义技术进步，也就是"全要素生产率"。因此，增长的可持续性，实际上就是各种要素投入可持续性与技术进步可持续性的综合表现，这是新古典增长理论的核心内涵。但是，新古典增长理论的一个不足之处是没有考虑人力资本质量带来的产出效应。在新古典理论的基础上，大量经济学家对索罗模型进行了扩展，例如，卢卡斯将就业者的教育水平引入增长模型，提出著名的卢卡斯内生增长模型（Lucas，1988）。但无论如何，增长核算框架的基本方法和基本逻辑并没有改变，依然是以所谓的"残差"对全要素生产率进行刻画，进而对宏观经济的增长源泉进行结构分析。

从增长核算框架出发，自然可以得到增长可持续的启发。原因在于，从增长核算框架来看，增长的源泉有两个，一是各种要素投入，二是残差表示的全要素生产率。也就是说，如果希望实现增长的可持续，直接要求是各种要素投入及技术进步的整体增长效应持续为正。根据上述增长源泉的分解，产生了对增长方式的定义。其中，依赖各种要素投入驱动（尤其是投资驱动）的产出增长被称为"粗放型增长方式"（Ofer，1987），而依赖全要素生产率驱动的增长则被命名为"集约型增长方式"。考虑到后者的本质是改善投入产出关系与提高投入产出效率，因此可以在投入要素不变的情况下实现产出的增加（易纲等，2003）。关于增长方式与增长可持续之间的关系，经济学家所秉持的一个共识是，粗放型增长方式不可持续，只有集约型增长方式才是可持续的，增长方式的差异成为解释各国人均收入差距的重要因素（Prescott，1998；Klenow，2001；Easterly and Levine，2002）。之所以做出这样的判断，原因在于，大量持续的资本投入将不可避免地面临边际报酬递减的困境，而随着人口结构的变迁，总的可用劳动力数量也是有限的。因此，如果希望实现增长的可持续，就必须要求全要素生产率在经济增长的贡献中占据主要地位。事实上，廉价的劳动力投入、高储蓄率和出口导向正是过去一段时间内中国经济高速增长的重要特征。因此，如前所述，早在1994年，克鲁格曼就撰文指出，"因全要素生产率在增长结构中贡献较低，过去一段时间内中国的增长带有粗放式特征，'东亚奇迹'不可持续"（Krugman，1994）。克鲁格曼的观点引起热烈讨论，随后，扬（Young，2003）的文章支持了该论断。时至今日，"全要素生产率的增长状况是经济增长可持续的关键"这一论断已经成为经济学家的共识，对全要素生产率变动的刻画与分析成为判断经济体增长可持续性的重要依据（蔡昉，2005；郑京海等，2008；王小鲁等，2009）。

关于全要素生产率对增长可持续的重要意义，理论界已经达成一致。但关于中国经济增长可持续性的问题，却处于不断的争议之中。自前述克鲁格曼（Krugman，1994）和扬（2003）提出对"东亚奇迹"可持续性的质疑，中国经济增长的可持续性就成为经济理论中的热点话题。与大部分国外学者秉持的观点不同，中国学者的研究结论要乐观许多。王小鲁（2000）的一篇文章对改革后20年内中国的增长状况做了回顾和评价。在这篇文章中，增长状况被视作取决于生产要素、制度变革、结构变动、外部环境等几个方面因素的综合结果。基于上述逻辑，该文分析过去一段时间内高速增长的原因，并判断这些因素的剩余潜力，研究制约经济增长的内外部因素，从而对中国2000年后20年内保持经济持续增长的可能性作出判断。他们认为，目前中国经济正面临增长方式转换的挑战，但在有条件的改革下，未来一段时间内经济可能保持平均6.4%的中高速度增长。蔡昉（2013）从人口视角分析人口红利消失与增长可持续性之间的关系，其结论是，未来一段时间内，经济增长的源泉依然是全要生产率的提高，但需要通过制度创新和政策调整延长第一次人口红利，并创造条件挖掘第二次人口红利。彭水军、包群（2006）将环境约束引入一个四部门增长模型，从而对可持续的最优增长路径进行分析。结论发现，在环境污染的约束下，人力资本投资和研发创新是经济长期持续增长的动力源泉。因此，严格的减排政策、人力资本的积累，以及技术创新成为实现经济持续增长的关键因素。陈诗一（2009）将能源和环境要素引入一个基于超越对数生产函数的增长核算框架，以中国工业 38 个二位数行业作为考察对象，对中国工业的绿色增长进行核算，并对工业各行业经济增长的可持续性进行论证。研究发现，改革以来中国工业的产出效率显著改善，大多数行业中全要素生产率在增长引擎中占据重要地位，说明中国工业的增长方式从总体上来看已由外延扩张型转变为以质量提高为特征的内涵扩张型增长，而这种增长是可持续的。中国经济增长与宏观稳定课题组等（2008）的研究指出，过去一段时间内，中国经济成就的取得与政府及企业目标的一致性密不可分。在未来一段时间内，中国经济增长面临新的约束，如果希望实现增长的可持续，需要确定新增长机制，这要求以限制政府利益、明确政府福利支出及与企业发展能力相匹配的政府转型。

从相关文献的归纳来看，已有研究并没有否认中国经济增长面临的各项挑战，包括人口老龄化及资源环境方面的约束。但它们一致地认为，通过技术创新及制度变革，能够延续中国经济的中高速增长。即，全要素生产率仍有较大的提高空间，未来较长的一段时间内，中国经济增长的可持续性值得期待。

2.4.2　全要素生产率的源泉：技术效率与配置效率

2.4.2.1　两种效率的基本概述

从概念上讲，最初全要素生产率表示增长结构中不为要素投入所解释的部分，因此所有与要素投入无关的产出增加都被归为这样一个概念范畴中去。这意味着，根据效率提高的路径和源泉，我们可以定义全要素生产率的源泉，并获悉关于提高全要素生产率的途径启发。一般来说，企业生产率的提高主要来源于两个方面，一方面是由自主研发或外部引进带来的微观生产技术进步，包括单个企业管理水平提高带来的生产率进步；为方便起见，本书简称为"技术效率"。另一方面则是改善资源配置，即生产要素由低生产率企业、部门或地区流向高生产率的企业、部门或地区带来的效率提高；为方便起见，本书称为"配置效率"。一般来说，全要素生产率的源泉即集中于上述两种效率的改善。

2.4.2.2　技术效率

从效率改进途径的特点看，技术效率的提高途径主要有两种，一是自主研发，二是外部的技术引进。考虑到自主研发对物质投入、人力资本等因素的要求，且面临着研发结果的不确定性、长期性等各种风险，因此，在较长一段时间内，国外技术引进成为促进我国生产率提高的重要渠道。部分经验分析中，某些特殊时期，国外技术引进对产出效率的促进作用甚至超过自主研发。陈国宏、邵赟（2001）基于格兰杰因果关系拆分法发现，技术引进是我国工业技术进步的重要渠道。赵志耘、杨朝峰（2011）对全要素生产率进行了测算与分析，发现技术引进在改革以来我国的技术进步中处于第一引擎。涂正革（2008）考察了技术研发、技术改造和技术引进三条渠道对环境技术效率的作用，发现技术研发、技术引进显著促进了环境技术效率，但技术改造并没有产生预期效果。吴延兵（2008）考察了自主研发、技术引进与各地区工业生产率之间的关系，经验分析发现，自主研发和国外技术引进对生产率有显著的促进作用。张江雪等（2015）则发现，自主创新对工业行业绿色增长的影响大于国内和国外技术引进。另外，需要指出的是，尽管大部分研究肯定了国外技术引进对产出效率的促进作用，但考虑到国际市场竞争的加剧和可能出现的技术封锁，部分学者仍然认为，提高技术水平的主要途径应当聚焦于自主研发，而不能过多地依靠先进国家与国际市场（王毅，2002；吴延兵，2009）。

除上述主要渠道外，FDI 的技术溢出也成为技术进步和产出效率提高的重要途径（冼国明、严兵，2005）。胡和杰斐逊（Hu and Jefferson, 2002）基于制造业企业数据研究发现，FDI 显著促进了企业新产品的开发。徐涛（2003）考虑了资金非同质性条件，并在此基础上建立了一个内生增长模型，就 FDI 与中国技术进步之间的关系进行经验分析，结论发现FDI 对中国的技术进步有明显的促进作用。范和胡（Fan and Hu, 2007）发现，高技术 FDI 的技术溢出甚至一定程度上形成了对自主研发的替代。李晓钟、张小蒂（2008）基于中国省级数据的实证研究发现，FDI 的流入对专利申请量和专利授权量有显著的溢出效应，提高了我国的区域创新能力。王然等（2010）基于中国工业产业数据实证研究发现，研发外溢的

FDI 前向关联显著提高了下游内资企业的创新。在唐未兵等（2014）的研究中，经验发现技术创新与经济增长集约化水平负相关，而外资的技术溢出和对外资技术的模仿反而有利于经济增长集约化转变，肯定了外商投资的技术溢出对中国产出效率的促进作用。除先进技术的溢出外，在一些特殊行业和地区，FDI 甚至带来了改善人力资本的正外部性（朱平芳、李磊，2006）。

前文已经指出，国外技术引进和外商投资带来的技术溢出并没有削弱自主研发的必要性，原因有二。一是，先进技术的扩散将导致先进技术持有企业收取的技术租金面临损失，不利于技术持有者在市场中保持领先地位。因此，大量研究表明，外商投资企业有足够的激励阻止其先进技术的溢出。在东道国技术进步速度较快的条件下，这一点尤其显著（Javorcik et al.，2004；Kugler，2006；王然等，2010）。二是，部分研究同样指出，人力资本积累是通过技术引进与技术模仿实现技术赶超的关键环节。只有拥有与相应技术匹配的人力资本，才能真正实现对相应技术的高效使用。也就是说，引进技术的应用与实现其产出效应面临着由技术差距引起的，对引进技术消化与吸收的条件门槛（邹薇、代谦，2003；林毅夫、张鹏飞，2006）。

从上述文献的归纳看，自主研发、国外技术引进和外商直接投资的技术溢出，都成为改革以来中国技术进步和技术效率改进的重要驱动力。其中，绝大部分研究表明，国外技术引进和外商直接投资的技术溢出在过去一段时间内的技术进步中贡献较大。但正如前文所提及的那样，随着国际市场竞争的加剧，通过技术引进和技术溢出实现技术进步将面临相当的阻力。因此，通过加大研发力度、提高教育水平等手段实现高水平技术的自我供给才是未来一段时间内维持技术进步的主要途径。

2.4.2.3　配置效率

从概念上看，配置效率产生的客观条件是各地区（企业及生产部门）间效率的差异。这里从正反两个方面就配置效率的相关文献予以归纳。一类文献侧重于从机理逻辑的视角分析配置效率的产生源泉；另一类文献则更侧重于从反面论证配置效率的产出效应：如果因政策性或制度性因素导致资源无法由低生产率企业转移配置到高生产率企业，就会带来资源配置上的效率损失，从而抑制全社会的生产效率（樊纲等，2011），即"资源错配"问题。资源配置效率的产生，条件在于要素及产品的竞争性和流动性（方军雄，2006）。在具有竞争性和流动性的市场中，市场在资源配置中占据主导地位。作为信号，要素价格能够准确反映其价值，使得潜在的竞争者根据真实灵敏的价格信号进入该行业，从而按照竞争更加充分的价格提供更多的产品，带来资源配置的优化。从机理方面来说，如果希望实现资源的配置效率，即资源由产出效率低的部门和地区向产出效率高的部门和地区转移，需要两个条件。一是，要素市场本身要能够释放反映要素稀缺性的价格信号。二是，要素应当能够按照自己（或其所有者）的意愿流动至回报更高的部门或企业，两个条件缺一则难以实现配置效率的改进。

聚焦中国增长分析的文献指出，过去一段时间内，资源的配置效率改进是推动中国经济增长的重要因素。这包括制度变革下，廉价的非熟练农村劳动力大量向城市工业、服务业转移，即劳动力从低生产率的农业向较高生产率的城市非农产业转移带来的资源配置效率改善（王小鲁，2000）。这种通过变革社会管理制度以促进劳动力再配置所带来的产出效应常被称为"制度红利"。从中国经济的现实看，制度红利或配置效率的增长空间来源于如下几个方面的改善。反面包括：第一，农村与城市相对分割的二元经济体系所造成的，要素及产品市场的割裂；第二，政府对经济的不适当干预，包括部分低效国有经济的存在，以及政府对要素市场的不合理控制；第三，各地区因竞争形成的市场分割。正面包括：第一，城市化带来的市场需求和产业变迁引致的资源再配置；第二，基础设施建设对要素流动和再配置的促进。事实上，上述几个方面同样提供了市场化改革的主要方向与启发。樊纲等（2011）发现，1997~2007年，市场化进程对经济增长的贡献达到年均1.45个百分点，且贡献了全要素生产率中的39.2%。中国经济增长与宏观稳定课题组等（2008）指出，未来一段时间内，放松管制、纠正资源价格的扭曲是实现经济转型的关键。

关于配置效率与全要素生产率之间关系的研究，更多的文献集中于"资源错配"问题。资源错配问题是资源配置效率问题的另一个方面。从根本上说，"资源错配"问题与"资源配置效率的改进"问题，二者之间的关系更像是同一硬币的一体两面。这表现在两个方面：一是，如果某市场存在资源错配，那么通过纠正市场价格的扭曲和错配，将带来资源配置效率的改进。相应的，如果资源配置效率恶化，那么也就意味着资源错配的加剧。二是，假设市场或经济已经实现资源配置的最优化，即资源要素的任何再配置也无法实现整体效率的改进，那么此时资源错配也随之消失。上述分析的一个结论是，如果希望实现资源配置的优化，纠正错配是一个重要途径。或者说，纠正错配是实现资源配置优化的主要手段。市场经济的基本内涵要求市场在资源配置中起决定性作用，这意味着，纠正错配和实现要素配置效率的改进应当从建立健全要素资源的市场机制入手，其根本是保证价格的信号作用得以发挥。这也就意味着，完善要素的价格机制是实现配置效率改进的重要渠道。上述论断，对环境要素同样适用。

第 3 章

理论框架与核心观点

3.1 本 章 总 论

根据已有文献中通常的写作逻辑和内容安排，本章内容应隶属于"文献综述"一章，并成为其结论性评述的一个组成部分。原因在于，核心观点的提出及理论框架的构建通常基于对前人研究的归纳总结与分析整理。但本书中，为强调全书理论框架与核心观点作为全文逻辑中心和主要边际理论价值这样一个事实，我们做出将其独立成章的安排，尽管这样的处理方式会使得本章内容显得有些突兀。

具体来说，本章中，我们试图构建一个相对完整的理论框架，并从价格机制和市场配置的视角来解释环境规制引致效率进步的内在机理。该框架的理论基础在于，已经被理论研究和生产实践证实的，生态环境及自然资源对经济增长的重要作用。这体现在"生态环境对污染的吸纳实际上为生产提供了类似资本和劳动要素的一种必需服务"这样一个事实；本书称之为"生态环境要素"或"环境要素"，二者不加区别。之所以选取价格机制和市场配置这一视角，是因为上述两个方面起到的资源配置作用将对生产主体产生激励，而这正是经济增长底层逻辑的重要部分。一定程度上说，上述激励提供了企业在生产决策中选择"生产什么"和"如何生产"的根本动机，反映了经济增长及增长方式的微观本质。因此，本章的内容实际上形成了对环境要素市场化改革的支持。正如前文阐述的那样，建立健全完善的资源要素市场，使要素价格的信号作用切实得以发挥，是实现要素配置效率改进的关键。

具体来说，本章试图构建的理论框架与基于该框架试图论证的观点如下：环境规制的产生提高了企业使用环境要素的实际成本，从而催生出实际的环境要素价格和市场。环境规制带来环境要素使用成本的提高，使环境要素的使用成本显性化和市场化，一定程度上凸显其价格属性，并强化价格的信号作用，使之传达出更贴近要素真实价值的信息，进而为市场机制发挥环境要素配置作用、改善环境要素配置效率提供空间和可能。上述分析得以成立的原因在于，环境要素价格的上升提高了环境要素的使用门槛。而该要素对生产是必需的，且与劳动、资本等生产要素难以替代，这将不可避免地改变甚至重构企业面临的成本约束与生产可行边界，进而激励和"倒逼"企业等生产主体转向"技术替代"的生产决策，从而改进生产方式；或者淘汰部分落后企业，最终实现由高能耗和高排放驱动的粗放型生产转向以生产率驱动的集约化生产。上述分析，是环境规制产生宏观经济效应的根本原因和内在机制，也是本书试图说明和论证的核心论点。另外，如果给定假设"效率改进是增长可持续的必要条件"，那么上述分析框架也就体现了环境规制促进增长可持续的内在机理。因此，本书工作的边际贡献集中于：为理解面对高强度环境规制时，企业的反应行为和生产决策的因应变化提供一个新的观察视角，并从技术效率、配置效率两个维度为环境规制促进增长可持续提供分析论证。这将一定程度上完善"波特假说"，扩展和丰富环境规制经济效应的相关研究。

接下来的内容安排如下。首先，我们就生态环境所提供的生态服务之所以被认定为一种生产要素的理论基础做简单介绍。在此基础上，我们就可以把环境要素正式引入企业行为的分析框架，并借助生产决策的相关理论对环境规制下的企业行为进行分析，进而讨论环境规制的经济学含义。这样，就能更加清晰地从生产者的视角理解环境问题产生的原因和环境规制下生产者的应对行为，以及上述过程中引致效率变动的可能路径。在相关论证的基础上，可以自然地得到环境规制与效率进步之间的关系。应当说，本章力图实现的论证方式体现了一种递进的层次与逻辑，结论的得出也易于接受和理解。

3.2 生态环境（服务）视作生产要素的理论依据

3.2.1 环境要素的理论基础

可持续发展的核心要求是正确认识和处理人与自然之间的辩证关系，

这是哲学视角下解决环境问题的理论起点。人与自然之间的辩证关系，存在对立和统一的两个方面。一方面，人类社会作为自然界的组成部分，其生存和发展离不开与自然界之间各类物质与能量的交换，也离不开环境容量等生态服务的供给。因此，人类的生存和发展离不开外部自然。正如马克思指出的，人类的生存和发展离不开劳动，但是劳动从来都不是抽象的，而是具体的，是和自然环境结合在一起的。另一方面，通过认识和实践，人类拥有改造自然的能力，如对矿产、森林、水和动植物等自然资源的采集与利用，并在此基础上创造出具有一定独立性的社会环境。从这个角度看，改造自然的强大能力使得人类不同于自然界中的其他生物，人类社会又一定程度上独立于自然。人与自然之间的关系，就体现在这样一个对立统一关系中的互动与反馈。

在这样一个既对立又统一的关系中，人类不应盲目放大自身掌握的知识、科学与技术在征服自然中取得的"胜利"，而必须（或者说，更应该）看到良好的外部生态环境对人类社会生存的重要作用以及客观存在的自然规律对人类活动的制约，即人类社会与自然界之间的"统一性"。这体现在，人类社会发展过程中涉及的物质与能量交换、生态服务供给，其实现基础在于生态环境系统结构与功能的完善，这客观上要求人类社会对自然界的干预必须控制在合理的程度和范围内，也就是人与自然的和谐共处。如果没有人与自然之间的协同进化，人类社会就无法延续（牛文元，2012）。如果我们不能深入和清晰地理解上述关系，那么也就不能准确地把握"对立统一"关系中"对立"和"统一"的"度"，进而无法正确处理人与自然之间的冲突和矛盾。如果我们不能深刻地认识上述逻辑，而是对自然界盲目开发、肆意污染，那么必然会遭到自然界的负面反馈，并在社会发展中承担的高昂的环境成本。过去一段时间内，由大气污染、水土流失、生态退化等环境问题引致的高昂社会成本正是由于人类自身对人类社会与自然界之间关系的"统一性"认识不足所致。

上述分析中，我们试图强调和说明的观点是，生态环境为经济活动提供了不可或缺的基本服务，这是人类社会必须依赖于自然界的现实原因，也是生态环境作为生产要素的物质基础和现实条件。一般来说，生态环境不仅为人类生产提供诸如土地和矿产等自然资源，同时对人类社会经济活动产生的各种污染物提供了吸纳、稀释、吸收和净化的"服务"，这种"服务"一定程度上消弭了工业污染对整个社会带来的生态成本。本书关注的，正是后者这样一种功能性的环境要素，即，自然界对生产排污的吸纳实际上为生产提供了类似资本和劳动的服务，这种由生态系统为人类生存和发展提供的服务常被称作"生态服务"（张志强等，2001；谢高地等，2001）。这种"生态服务"，实际上扮演了一种"生产要素"的角色，可称为"生态环境要素"或"环境要素"。工业污染的排放，即是对这种"环境要素"的使用。简言之，生态环境为人类生产提供的服务实际上已经成为一种生产要素，而且，是一种必需的生产要素。但该服务或者要素对生产的支持作用，还依赖于生态环境本身的功能完整性。

3.2.2　环境要素的稀缺性

从环境科学角度来说，一定的区域范围内，以人（及生物）为核心的各种环境主体并非孤立存在，它们通过物质的循环、能量的流动及信息的传递而联结在一起，构成了具有内在相互作用和反馈机制的环境系统（崔凤军，1995）。从系统论的观点看，环境系统是自然环境中各要素、结构及其相互关系的总和，其本质是环境中个体之间的相互关系和相互作用。在生产实践中，环境系统接受人类活动（自然资源的开发与排污）造成的压力，同时给予与人类活动相反影响方向的反馈。因环境系统的内部特征与作用机制，该系统所能承受的资源开发及污染物排放数量是有限的。这一有限性体现为，在人类活动压力下，环境系统状态特征的变化。一般来说，环境系统状态特征以环境容量描述和刻画，主要包括环境质量和环境结构等维度。所谓环境容量，是指"自然环境及其组成要素对排放于其中的污染物质的承受量"，其值与环境自净能力正相关。环境容量体现了环境系统最主要的状态特征，也是环境系统结构和功能的集中体现（崔凤军，1995）。环境系统功能和结构的有限性决定了环境容量的有限性。也就是说，在维持环境系统结构及功能的条件下，其能承受的经济社会活动及排污是有限的。作为一种生产要素，环境要素的功能是对人类生产过程中污染排放的吸纳。同其他生产要素一样，环境要素同样具有稀缺特性。特定区域内，环境容量的有限性是环境要素稀缺性的现实基础。如果环境系统承受的人类活动与污染排放超过了这一限度，那么将危及环境系统自身的安全性、功能性和系统性，并给人类社会带来的生态风险。此时，人类的生存、生产和生活都将面临生态服务缺失的巨大挑战，经济增长也将成为无源之水、无本之木。

毫无疑问，生态环境以环境要素的形式参与了人类的生产，因此成为生产过程中必不可少的要素投入，具有重要价值；且环境要素的有限性决定了其稀缺性。但环境要素的价值和稀缺性并没有在相应的市场价格中体现。在长期的经济实践中，环境要素都作为自由取用而无须付出成本的资源，因而不存在完善的市场机制。事实上，大部分地区尚不存在环境要素的市场，自然也不存在反映环境要素真实价值的市场价格，这是环境要素使用效率偏低的根本原因，也是粗放型增长和环境问题产生的根本原因。

3.3　环境污染与粗放式发展的
原因：环境要素价格视角

3.3.1　环境要素的价格与数量

在肯定环境要素作为生产要素合理性的基础上，我们接下来沿用经济学研究中针对一般化生产要素的，相对成熟的分析方法和研究工具对环境要素的价格与使用进行分析，这有利于我们从根本上理解过去一段时间内环境污染和粗放式增长的原因。这一视角相对新颖，因此能得到一些新的观点。自然的，我们也可以从环境要素使用的视角获悉关于增长方式转变及增长可持续的启发。

作为生产过程中不可或缺的生产要素，如果希望通过将环境要素引入生产领域，进而分析其使用状况并考察其变动引致的宏观效应，就必须要厘清两个重要概念的内涵：环境要素的使用数量和使用价格；这也是分析任何一种生产要素使用效率必不可少的条件。就环境要素而言，考虑到现实中并不存在完善的市场机制与准确反映其实际价值的市场价格，因此我们根据其他普通生产要素的价格及数量的相关概念对环境要素的使用数量和价格进行定义性的说明。

一般来说，要素的价格代表要素使用者为使用该要素而实际付出的成本。现实中，环境要素的使用表现为生产过程中污染物的排放，那么其价格自然可以以污染排放所必须支付的成本刻画。对企业而言，污染排放引致的直接成本是政府部门的环境管制、处罚及污染税费的缴纳（向污染企业收取排污税费本身也是一种环境规制）。因此，以企业排污面临的环境规制强度作为刻画企业排污成本的指标，进而以之表征环境要素的使用价格，具有合理性。也就是说，环境规制强度所刻画的，政府对污染行为的处罚暨排污所偿货币数量，就是企业使用环境要素付出的代价，也就是企业面临的环境要素价格。这样，排污有成本，环境要素有价格，便形成了实际意义上的环境要素市场。自然的，环境要素的市场成交量即为企业排污总量。

如果将污染物排放视作环境要素的使用，那么污染问题的经济学含义便十分明显。通常来说，企业的生产决策基于利润最大化的逻辑展开，这意味着企业对各种生产要素的使用遵循边际法则。也就是说，对企业而言，要素的使用通常由边际成本与边际收益相等时，所对应的要素数量决定。因此，环境污染的变化实际上是环境要素使用数量的变化；环境问题的产生即污染的加剧，实际上是环境要素使用数量过度的体现；而环境要素的使用数量，又取决于环境要素的使用成本及收益，即环境规制强度与产品市场价格。通过"环境要素使用过度"这样一个事实，根据基本的需求法则，我们可以反推出环境要素的价格状况，得到环境要素价格偏低的结论。从过去一段时间内环境规制与污染排放的变化及其二者之间的关系来看，上述分析是站得住脚的。考虑到企业使用环境要素的数量是增长方式的微观基础，一个自然的结论是，存在通过调节环境要素的使用价格即环境规制强度，最终影响甚至改变增长方式的路径。该逻辑正是本书一直强调和试图证明的。

3.3.2　观点提出：一个理论框架

总结来说，污染加剧及增长粗放化的重要原因在于环境要素的使用价格偏低，或者说环境要素市场价格的扭曲。作为必需生产要素，其价格（即使用成本，这里不做区分）高低是企业生产决策的重要参考。如果没有足够准确和及时反映要素价值的价格体系，那么必然对企业的生产造成误导，进而对整个宏观经济的增长状况产生影响。利润驱动下，偏低的环境要素价格实际上形成了生产过程中对该要素使用的激励，最终导致要素积累驱动的粗放型生产方式，即宏观视角下的粗放式增长。这是环境问题产生的根源之一，也是持续增长面临的主要挑战。如下逻辑链条集中体现了上述分析的机理：环境要素市场缺失、机制不完善与价格扭曲→环境要素实际使用价格偏低→环境要素超容量、低效率使用→污染问题和粗放式增长，并对未来增长所需的环境要素产生挤占和损耗→增长可持续面临挑战。

3.4 节中，我们将从企业生产决策的视角就环境规制"倒逼"增长方式转变的内在机制做一些条件上的说明，包括环境要素可替代性在内的一些特殊属性。我们试图说明，正是因为这些特殊属性的存在，使得环境规制变得必要，同时也使得环境规制"倒逼"增长方式转变，提高增长的可持续性变得可能。在阐述上述命题的基础上，我们可以更加清晰地通过逻辑推演及实证分析论证本书的核心观点：环境要素实际价格的变动影响了企业的生产决策，进而形成对增长方式转变的激励。

3.4 环境要素的特殊性：要素替代视角下的技术进步

在本章前面几个小节的内容中，我们论述了环境要素作为生产要素的理论基础，并对其使用价格和数量做经济学意义上的说明。上述工作，是我们分析环境规制与增长方式转变及增长可持续性之间关系的理论基础。本节中，我们对环境要素的特殊性做进一步分析，这是其价格变动引致经济效应的机制所在，也是环境规制带来效率改进的内在机理和必要条件。具体而言，本小节内容中，我们试图说明这样一个观点：环境要素十分特殊，以至于它无法大量与劳动及资本要素相互替代。如果希望在保证产出增加，或者至少不变的条件下减少环境要素的使用数量，从而改善生态环境质量，唯一的途径是技术进步。这里的技术进步，涵盖了包括生产和排污两个主要企业部门的技术进步。原因是，如果将排污视作对环境要素的使用，那么生产部门和排污部门已经没有区分的必要，排污部门实际上是一种使用环境要素的特殊"生产部门"。

我们首先对上述观点的正确性进行简单论证和说明。该工作是必要的，原因在于，只有在保证劳动和资本要素无法对环境要素产生有效替代的条件下，我们才能得到"环境规制'倒逼'效率改进"这样一个结论。也就是说，如果希望就"环境规制→增长可持续"这一路径的逻辑成立进行论证，需要两个条件。一是，环境规制带来的效率改进所驱动的集约化转变是实现增长可持续的唯一途径，即环境规制路径的"唯一性"，这是本书观点成立的前提，这一点在前文章节中已经有所说明。二是，环境要素与技术进步唯一的替代性，该条件的成立将决定企业面临高强度环境规制时，如果希望生产和盈利，唯一的选择是改进技术，以调整环境要素的使用数量，而不是使用劳动和资本等其他要素对环境要素加以替代，从而再次陷入要素积累驱动的粗放式增长窠臼之中。这正是通过环境规制促进效率改进，进而改善增长可持续性的核心路径。当然，这里的"技术进步"涉及的是单个企业生产使用的技术，为"狭义"的技术进步，不包括制度优化带来的企业间配置效率改进。

3.4.1 环境要素的整体性、有限性和耗竭后的不可再生性

环境要素作为一种生产要素，我们已经论证其合理性。但环境要素有其特殊性，其中，最主要的是环境污染具有扩散的物理属性，从而引致外部性，导致环境要素产权的划分在实践中面临困难。这意味着，尽管环境要素的使用实际上是单个企业的行为，但对其使用成本的分析应当从社会整体的宏观视角展开，这样才可以将单个企业排污引致的外部效应考虑在内，进而实现对环境要素使用成本的客观评估。另外，前文中，已经得到论证和支持的一个共识是，生态环境具备系统性。该特性下，可能引致的一个后果是，即使我们对环境要素进行了产权的划分，但仍无法通过对该产权的明晰实现对市场失灵的纠正。这体现在两个方面，一是，生态环境提供的生态服务在地理维度的整体性。即，因生态环境中各主体之间的相互作用和反馈，生态环境系统的生态功能依赖于环境中各要素主体结构和功能的完整性。换言之，小范围内生态环境的破坏将影响更大区域范围内的生态环境及其提供的生态服务质量。上述论断的一个具体化是，某个体所属范围内的生态服务损耗将引致更大范围内的，其他市场主体的福利损失。二是，因生态环境及生态服务的系统性，导致无法简单地从个体或区域视角将生态环境及生态服务进行划分和赋予产权。原因在于，任何通过区域视角简单地将生态服务进行划分都将导致这样一个后果：某个体对所属生态服务的不当使用将不可避免地影响其他主体对其自身所属生态服务的使用，从而使产权的划分失效。一个浅显却足以刻画上述两方面分析的典型例证是，假设某企业拥有某特定区域内的生态环境要素所有权，该所有权可以保证其在区域范围内排污的合法性。但该企业的排污将不可避免地通过空气及水流扩散、土壤渗透等多种渠道影响其周围区域的生态环境，并引致其余市场主体的效益损失。

进一步，如果将全国范围内生态环境视为一个"大范围"生态环境，将某地区（省等小范围区域）生态环境视为一个"小范围"生态环境，一个可以确定的结论是，任何"小范围"内的生态环境实际上都是"大范围"内生态环境系统的组成部分。或者说，更大范围内的生态环境由所属区域的小范围生态环境组成，且大范围、小范围及不同大范围和不同小范围之间的生态环境存在特定功能的相互作用和反馈，这正是生态系统内能量和物质交换的基本原理和生态服务得以存续的物质基础。此时，如果企业对本区域内的过度污染导致本区域对其他区域生态反馈和作用功能的损失，进而对其他区域的生态服务造成损害，那么不难断定，此时该所属权的划分已经失效。因此，对生态服务的使用成本评价必须从整体的视角展开。

整体成本视角下，我们将生态环境对污染排放的吸纳视为环境要素的使用。以大气污染为例，生态环境的净化作用大致可以分为两个方面。一是光合作用，即绿色植物吸收二氧化碳并释放出氧气，是维持大气结构平衡重要调节作用的来源。二是植物抗性范围内通过吸收从而减少空气中硫化物、氮化物、卤素等有害物质的含量。如阔叶林、柏叶和松叶等植物对二氧化硫的吸收；以及云杉、松树等植物对降尘和飘尘的滞留过滤作用（欧阳志云等，1999）。从环境科学视角不难发现，生态环境对污染的吸纳和降解，关键在于生态环境中生物的净化作用。而生物对污染的吸纳和净化，取决于生物本身的生命活性。但生物的生存对外部环境有客观要求，如果生态环境所承载的污染物数量超过阈值，那么将导致生态系统中的生物处于不利于其生存的污染环境中，进而生命活性受到制约。极端情况下，过量的污染物将导致生态环境中的生物死亡，其结果必然是生态系统的崩溃，随之而来的是生态环境逐渐甚至完全失去其生态服务的功能，而崩溃后的生态系统在短期内几乎不可能重建。也就是说，一定时间和区域范围内，环境要素是有限且不可再生的。

3.4.2　环境要素的替代性、技术改进与波特假说

3.4.2.1　环境要素的不可替代性：简单概述

生态环境中的微生物和植物对污染的净化功能为人类社会发展提供了不可替代的生态服务。这一不可替代性体现在，如果没有这些服务，所有

的污染将由人类社会自身承担。将身体和皮肤暴露于高浓度污染气体中将对人类的生命安全构成威胁。如果没有绿色植物对二氧化碳的吸收，温室气体的排放将带来全球气候变暖，并引致两极冰川融化，最终导致部分沿海城市因海平面上升而被淹没，人类将为生态服务的枯竭付出无法承担的高额成本。以草原生态系统为例，在广阔的草原和牧区，牧草自身具有涵养水源、防风固沙和保持水土的重要功能，且生态系统中的微生物为牲畜粪便的降解和清除提供了重要的功能服务，该服务不仅实现了环境的净化，同时承担了养分归还的支持功能，为畜牧业提供了巨大的经济价值，是牧区赖以发展的环境基础（赵同谦等，2004）。如果因生态的破坏导致草原退化，草原生态环境失去相关生态服务的功能，不仅牧区的发展无从谈起，牧区群众自身也将面临肉、奶等营养物质匮乏的威胁，牧区及相邻地区还将面临风沙侵扰所引致的生产生活不便，故而导致高昂成本。因此，从生产现实来看，生态环境提供的这种服务，并不是传统的劳动、资本等生产要素可以替代的。另外，在技术水平给定的情况下，环境要素同样无法代替劳动、资本等生产要素，这说明环境要素与劳动、资本等要素的不可替代性在绝大多数条件下是双向的。但是，在环境容量趋紧的现实背景下，我们不去过多地考虑环境要素对传统要素的可替代性，而更多的关注传统要素对环境要素的可替代性，即环境要素的"可被替代性"。

3.4.2.2 环境要素的不可替代性：经济学范式分析

为了便于分析环境要素与传统生产要素之间的替代性，进而对前文观点形成支持，我们绘制了环境要素与传统生产要素及技术进步之间的可替代性关系图示，如图 3.1 和图 3.2 所示。通过对相关图示的解读，我们的观点将更加清晰，对观点的论证也更加明了。当然，相关图示是对前述机理及结论的总结，它们是一脉相承的。

首先观察图 3.1。图 3.1 是一个典型企业生产过程中的等产量线图示，刻画了不同产量下环境要素与其余要素之间的替代关系及其变化规律。这里假定选取 Q_0 及 Q_1 两个不同产量作为分析的基础；其中，纵轴为环境要素使用量，也就是污染排放量，横轴为劳动及资本要素的使用总额。根据前文对生产过程中环境要素可替代性的分析，我们通过一种极端情况来阐述前文中强调的环境要素特性。

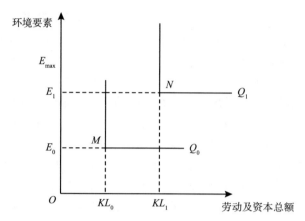

图 3.1   环境要素的不可替代性与粗放式增长路径

如图 3.1 所示，我们认为，环境要素与传统生产要素具有不可替代的性质，故该等产量线是一条具有左下侧一端端点，向右方及上方两个方向延伸的水平和竖直射线。假设射线左端点为 M，M 点实际上刻画了 Q_0 产量下，企业使用的，包括环境要素在内的各种要素最小值，也就是企业生产的最优要素组合。此时，等产量线与水平坐标轴平行的部分，其经济学含义是，技术不变情况下，不额外使用更多环境要素的条件下，即便追加更多的劳动及资本要素（如追加至 KL_1），也无法进一步提高产出。如前所述，这当然是一种极端情况。但如果同时给予更多的环境生产要素（保持技术水平不变），生产将扩张至 Q_1（$Q_0 < Q_1$）。同时，生产 Q_1 数量产品所需要各种要素的最小量对应的生产决策点为 N。从点 M 到点 N，刻画的正是过去一段时间内以高排放、高投资为主要表现，以要素积累扩张和污染排放为主要驱动力的粗放型生产。当然，现实中的技术并非完全不变，这里是一种极端状况。从 M、N 的相对位置看，图 3.1 的一个隐含假定是，生产过程对环境要素与其他要素之间的比例是有要求的。具体来说，就环境要素与传统生产要素的替代性而言，生产函数实际上表现为强烈的里昂惕夫生产函数（Leontief production function）性质。同时，需要额外指出的一点是，纵轴上的 E_{max} 点代表在保证生态服务功能不受到损害时，区域范围内所能容纳的最大污染量，也就是所谓的"环境容量"。该点刻画了生态环境所能提供使用的最大环境要素数量，即"阈值"。如果环境要素的使用数量超过这一点（表现为排污量超过阈值），整个生态系统将崩溃，生态环境无法提供任何数量的环境要素。在环境科学中，这是一个

基本公认的结论，因此本书不对此进行过多解释和说明。由环境要素对生产的必要性可知，此时生产将完全无法进行，生产函数将坍缩至原点。因此，我们的讨论必须在 E 小于 E_{max} 的条件下进行。另外，值得说明的一点是，作为社会计划者（Social planner）的政府，为了维持社会的稳定、发展，以及经济增长，会通过严格的行政命令等环境规制手段阻止 E 超过 E_{max}，因此我们的讨论范围和假设合乎客观现实。下面的分析，也在这些条件下展开。

总结来说，图 3.1 中里昂惕夫形式生产函数等产量线传达出的信息是，不同于传统生产要素使用过程中由要素间可替代性带来的凸向圆点的等产量曲线，相对于劳动和资本等传统生产要素，环境要素具有不可替代性。如果希望在有限的环境容量约束下实现增长的可持续，其必要条件是在生产过程中，通过技术进步对环境要素形成替代，从而提高环境要素的使用效率。这一点，结合图 3.2 进行分析将得到更加全面和透彻的解释说明。

3.4.2.3 环境要素与技术进步：替代效应与波特假说

图 3.2 是环境要素与技术进步在生产中的替代关系图示。

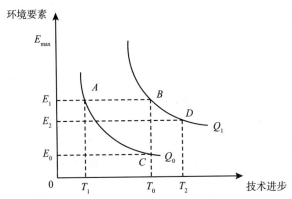

图 3.2　环境要素与技术进步的可替代性（波特假说即绿色增长路径）

需要说明，图 3.2 中的曲线同样为等产量线，其含义是，刻画生产必需的各种变量（技术水平及其他要素）的数量，在保证产出总量不变情况下的组合。也就是说，这里并没有遵循经济学中传统生产理论设定的，生产函数曲线所刻画的"技术水平保持不变，通过调整各要素之间使用配比形成的，产出总量不变下的要素组合"这样一个条件。在这里，我们将技术同样视作一种生产要素，且假定产出及劳动、资本数量不变，从而考察环境要素与技术进步之间的替代作用。一个简单的数学模型足够刻画上述等产量线的内涵原理，假设生产函数为：

$$Y = F_1(A, K, L, E) \tag{3.1}$$

通过对式（3.1）取反函数自然得到：

$$E = F_2(Y, K, L, A) \tag{3.2}$$

根据等产量线的经济学含义，如果希望得到环境要素使用量（E）和技术水平（A）之间一一对应的关系，只需对 Y、K、L 取不同定值，就可以通过数学技术手段解得 E 与 A 之间的关系，即以 E 或 A 为解释变量，以另一变量为被解释变量的函数。例如，假定 Y、K、L 分别取 Y_0、K_0、L_0 三个定值，那么式（3.2）自然变为：

$$E = F_2(Y_0, K_0, L_0, A) \tag{3.3}$$

显然，式（3.3）可进一步简写为：

$$E = F_3(A) \tag{3.4}$$

式（3.4）的数学含义非常明显：E 的取值由 A 的取值唯一确定，从而形成了由 A 到 E 的单一映射，即变量 A 是变量 E 的一元函数。对该函数施以技术手段，可以得到 A 与 E 之间的替代关系。在上述机理分析的基础上，如果我们对 Y、K、L 赋不同的值，或者说，对组合（Y、K、L）取不同赋值（一个更为准确的说法是将组合 Y、K、L 视为向量，F 为向量函数）。便可得到 A 与 E 之间的不同映射函数。它们共同构成了 E 与 A 的不同组合，进而构成了环境要素（E）与技术水平（A）之间的函数关系，即图3.2中不同产量下的等产量线。

需要指出，根据生产技术的现实意义，图3.2中横轴所刻画的技术，更侧重于生产及排污过程中使用技术的"水平"，而非"数量"。根据前文分析，我们认为，环境要素与技术进步之间存在替代效应。这种替代效应实际上体现在两个方面。一方面，在产出数量保持不变的情况下，技术水平和环境要素之间具有相互替代关系，这在图3.2中生产曲线 Q_0 的形态特征上有所体现。观察等产量曲线 Q_0 不难发现，在保证产出维持在 Q_0 水平时，存在两个典型组合 $A(E_1, T_1)$ 和 $C(E_0, T_0)$。其中，$E_1 > E_0$ 且 $T_1 < T_0$。这意味着，如果希望在保持产出不变的条件下减少污染排放，实现环境质量的提高，必须通过技术水平的进步才能实现。具体来说，如果希望减少 $E_1 E_0$ 数量的污染排放，那么必须将技术由此时的 T_1 提高

至 T_0 水平，反之则反。上述过程所描述的，就是将生产从 A 点调整至 C 点的过程，这实际上是同一条等产量线上不同生产组合之间的调整。其现实意义是产出水平不变条件下的生产绿色化。另一方面，如果希望实现绿色增长，即不产生更多污染排放、不使用更多环境要素的条件下实现产出的持续增长，同样必须以技术进步作为条件。观察两条典型等产量线 Q_0 和 Q_1，与前面的逻辑保持一致，假定 Q_0 代表的产出小于 Q_1，即 $Q_0 < Q_1$。在保持环境要素的使用数量维持在 E_1 的条件下，两个产量对应的技术水平分别是 T_1 和 T_0，对应的典型生产组合分别为 $A(E_1, T_1)$ 和 $B(E_1, T_0)$。其经济学含义是，如果希望在保持污染总量控制在 E_1 的情况下实现产出从 Q_0 至 Q_1 的增加，那么必须将生产中的技术水平提高至 T_0。此时，生产组合由 A 调整至 B。显然，与前文 A 到 C 的生产模式调整不同，从 A 到 B 的调整过程中，不仅实现了污染总量的控制，同时实现了产出的增长。

随后，我们可以简单但不失典型性和合理性地假定企业由生产和排污两个部门组成，且假设两个部门拥有各自使用的技术，即生产技术和排污技术，两种技术不可混用，那么一个自然的结论是，有利于减少污染物排放的技术实际上是环境要素的使用技术。同时不难看出，A 到 B 的生产调整所刻画的是生产部门的技术进步，而 A 到 C 的生产调整更多刻画了排污部门的技术改进。原因是，假设 A 到 B 的生产调整由排污部门的技术进步实现，那么 A 到 B 的调整应该体现出"产出不变，排污量减少"的特征，而非图中所显示"产出提高，排污量不变"的事实（这两种现象实际上刻画了一个"对偶命题"）。同理可以证明，A 到 C 的技术进步更多地刻画了排污部门的技术进步。原因在于，直观来看，随着技术水平的提高，污染物排放量随之降低，但产出水平却未改变。仍需要提醒的一点是，在本书中，环境要素被视为生产要素，因此，排污部门的技术进步仍可视为要素使用技术的提高，这与其他要素变动的产出效应并无本质差异，只是使用环境要素相关的技术进步与其他要素不可通用而已。

更进一步，在增长转型的大背景下，如果某地区生态环境所遭受的破坏相对严重，已经逼近或超过环境阈值，那么仅将污染总量控制在不增加的水平已经不能达到增长可持续的要求。此时，需要在现有的污染水平下降低污染总量，实现生态环境质量的改善，同时保证产出增加以实现经济和民生等发展目标。如果希望实现上述愿望，必须将技术提高至更高的水平。同样假设原经济状态为点 A，如果我们希望将污染降低至 E_2（$E_2 <$ E_1），且将产出提高至 Q_1，那么必须将技术水平提高至 T_2，即图 2 中的 $D(E_2, T_2)$ 点。自然，根据前文分析，可以断定，A 到 D 的生产调整过程中，所伴随的技术改进同时包括了生产相关的技术改进和排污相关的技术改进。原因是，该生产调整过程中同时经历了产出的提高和排污的减少。

考虑到生态环境和环境要素的公共品性质，环境要素价格偏低的情况下，一般来说，企业不会自发地将生产从点 A 转移至点 B，或将生产从点 A 转移至点 C 及点 D。因此，通常需要政府部门通过各种手段进行干预，包括行政命令、经济激励等手段"倒逼"企业转向技术进步驱动的增长模式上来。事实上，在环境规制的"倒逼"下，企业生产由 A 到 B 或 A 到 C 或 A 到 D 的状态转移，正是波特假说的内在逻辑。也就是说，上述分析是波特假说得以成立的内在机理，也是环境规制下绿色增长转型的根本内涵。因此，本书观点认为，对生产而言，环境要素具备必要性、有限性、与普通要素不可替代且与技术进步可替代，以及完全损害后不可逆几种特殊属性。因此，当企业面临严格的环境规制，环境约束趋紧，其唯一选择是通过技术进步提高有限使用环境要素的产出效率，进而实现以转变增长方式为途径的环境友好型发展。这是环境规制的现实背景，也是环境规制最为重要的政策目标。

在上述分析的基础上，即肯定存在环境规制"倒逼"技术进步和绿色增长转型的条件下，再次观察图 3.2，仍可以得到一些新的有利于实现技术进步、绿色转型和增长可持续的政策启示。图 3.2 中，环境要素与技术水平不同组合构成的等产量线呈现出从左上方向右下方倾斜，且凸向原点的形状。根据技术水平高低的不同，整条等产量线的几何特征呈现出明显的阶段特性。为便于分析说明，我们将技术水平以高低标准粗略地划分为三个区间：低技术水平区间、中等技术水平区间和高技术水平区间。与技术水平划分相对应，等产量线呈现出三种阶段性特征：在技术水平较低时，等产量线近竖直状态，斜率接近无穷；在技术水平较高时，等产量线近水平状态，斜率接近于 0；而技术水平中等时，等产量线斜率处于 0 到无穷之间的曲线状态。也就是说，式（3.4），即环境要素使用和技术水平之间关系的函数，其一阶导函数即原函数曲线斜率（单位自变量变化引致的因变量变化量）随 A 的增加而递减，故其二阶导函数为负，原函数的图形凸向原点。

等产量线随技术水平变化的阶段性特征有着十分丰富的理论及政策内涵。其经济学含义在于，随着技术水平的不断提高，单位技术水平提高对环境要素的边际替代量不断减少。在技术水平较低的区域，单位技术水平的提高对环境要素使用的替代量较大。但随着技术水平自身的不断提高，其所能够替代的环境要素数量不断减少。反过来说，单位技术进步对环境要素的替代将出现衰减。不难推断，不变产量的情况下，环境要素使用量的进一步压缩将对技术的进步提出更高要求。上述事实的政策含义在于，中国幅员辽阔，各地区之间发展水平与技术水平差异巨大。在环境容量整体有限的约束下，增长的可持续必然要求提高环境要素的整体使用效率。为了获取更多发展空间，必须将目光更多地聚焦于发展水平及生产技术相对落后的中西部地区。原因在于，在这些地区，通过提高技术水平实现对环境要素的替代，将收到更为可观的效果（对应等产量曲线左侧接近竖直形状的区域）。在污染物总量排放为约束形式的环境规制下，这种优势将更加明显。相反，如果我们更多地关注东部沿海省份等发达地区，将（相对）不利于整体环境效率的提高和生态环境质量的改善。原因同样在于，在更高技术水平的地区，技术水平本身对环境要素的替代作用远小于其在低技术水平地区的替代作用。

上述图示及分析，从企业部门的视角阐述了环境要素与技术进步之间的替代性问题，目的是更为细致地展示环境要素与技术进步之间的替代关系。在对"技术"的理解上，有两点需要说明。一是，这里的技术是狭义的技术概念。二是这里更为强调要素视角下的技术概念。即本书所着重强调的技术，更加偏向"各种要素之间的不同组合方式"，或者模糊部门差异的，抽象和综合的技术概念。这一技术概念，更贴近宏观生产函数中技术的刻画形式。本节分析，是环境要素之所以作为生产过程中一种生产要素的理论基础。在该结论得以成立的条件下，我们接下来可以将环境要素引入经济学的分析框架，并就环境要素的使用、配置和效率进行考察。考虑到环境要素的现实意义，上述指标也就反映了污染排放带来的产出效率。正如前文指出的，如果环境要素成为经济中的生产要素，那么环境要素在生产过程中的使用便与增长方式相关联，环境规制也便具有相应的经济学含义，这正是我们分析环境规制经济效应的重要切入点和理论基础。

3.5　环境规制如何引致效率

改进：资源配置视角

3.5.1　环境规制与资源配置：理论与现实背景

环境规制的技术进步效应，即波特假说，已有研究相当充分。但环境规制的经济影响，仍有值得商榷之处和进一步拓展的空间。事实之一是，波特假说即创新补偿效应不能完全解释环境规制对产出效率的影响机制。直观来说，效率的源泉包括技术进步和资源再配置（陈永伟、胡伟民，2011）。前者侧重刻画企业生产技术和管理水平提高带来的产出效率改进，一般由技术研发活动和外部技术引进获得；而后者强调在企业生产条件不变的情况下，通过调整资源配置，将资源要素从低效率企业中转移并配置于高产出效率的企业中，从而带来整体效率的提高。因此，产出效率的提高是技术效率和配置效率的共同作用，仅以波特假说或者技术效率的改进来考察和评估环境规制的经济影响是片面的。

通过对已有研究进行归纳和梳理，我们发现有学者意识到可能存在通过环境规制促进要素流动，从而实现资源再配置的机理，包括严格的环境规制对落后企业的淘汰及其引致的产业结构变迁（金碚，2009；原毅军，谢荣辉，2014）。相关研究给我们启发：落后企业退出市场，如果其占有的生产要素进入高效企业，就实现了生产要素的再配置。也就是说，可能存在通过环境规制实现资源再配置，从而获取资源配置效率的路径。那么，将上述配置效率的概念扩展至区域层面，是否同样成立？具体到本书，环境规制是否有助于消除各地区使用环境要素的成本差异从而弱化市场分割？这一问题是重要的，原因在于，该问题的正确回答可以在环境要素总量约束的条件下，为我们提供一条相对"划算"的集约化增长路径。

现实中，因稳定和增长的政策导向，劳动、资本、能源等要素价格受到政府管制（袁志刚、解栋栋，2011；林伯强、杜克锐，2013），使得要素市场存在一定程度的扭曲，引致资源配置偏离均衡状态，无法按照效率原则在各生产主体之间配置，形成资源错配，表现为明显的企业边际收益产品差距、要素成本差异和生产效率离散（邵挺，2010）。错配，是相对于均衡的概念，是经济体中资源配置状态相对均衡状态的偏离。均衡是指经济体效率最大化的资源配置状态，也就是全社会范围内产出最大化时的资源配置状态（Hsieh and Klenow，2009；白俊红、刘宇英，2018）。资源的错配，可以理解为各种生产要素没有按照效率原则在各企业之间进行配置（邵挺，2010）。因此，资源错配会引致效率损失（陈永伟、胡伟民，2011）。错配的直接原因是市场机制不完善引致的要素流动受阻，包括不利于要素自由流动的制度性因素和政府对要素市场的直接控制（张杰等，2011）。

上述机理在区域层面同样成立：部分低效率区域中，资源配置过度，导致粗放式增长和效率损失；产出效率的差异成为导致区域间发展水平差距的重要因素（蔡昉、都阳，2000）。可以预计，通过纠正资源错配，降低或者消除各地区生产率离散可以带来可观的配置效率。因此，在集约化增长转型的大背景下，有必要从区域视角就环境规制的环境要素错配效应展开研究，以期全面认识环境规制提高产出效率的作用机制，为实现节能减排和增长转型的"双赢"提供可以借鉴的思路。

3.5.2 环境规制与资源配置：机理分析

3.5.2.1 资源配置效应

通过环境规制实现资源再配置，其微观基础是企业异质性。更具体地说，是企业对环境规制承受能力的异质性。只有竞争力强、实力雄厚的企业才能在环境规制的压力下不断调整生产规划和使用先进技术，最终实现效率提高和清洁转型；竞争力相对较弱的企业则可能因无法承受规制带来的减排成本而难以为继，最终退出市场，为资源再配置创造条件（金碚，2009）。为了直观展示上述思维过程，这里以边际治污成本曲线及总成本曲线为工具，从企业层面入手分析环境规制的资源再配置效应，尤其是环境要素的再配置效应。然后将讨论引至宏观区域层面。同时，我们将视角聚焦于行业内部，即全部企业生产相似的产品，具有相同的产品价格，排放同质的污染物，面临相同的环境规制强度，这样更便于我们比较和论述。事实上，从后面的论证来看，放松部分假定，我们的结论同样是成立的，但在这些假定下我们的分析会更加清晰和便捷。

以边际治污成本及生产率为标准，粗略地选取 A、B 两种企业。其中，

A 企业为集约型生产方式，产出效率高，市场竞争力强，拥有充足的治污技术储备，边际治污成本低；B 企业为粗放型生产方式，产出效率低，相对缺乏市场竞争力，边际治污成本高。从现实来看，两类企业的共存是常见的。产品市场价格不变的情况下，产出效率高意味着生产同样数量的产品，其成本更低，因此低效率企业 B 总成本高于 A。B 占有和使用环境要素，体现了环境要素的错配。

如图 3.3，横轴为边际减排量或环境规制强度（企业的边际减排量取决于环境规制强度），纵轴为边际治污成本。同时，我们假定，两类边际治污成本函数具有如下现实特征。（1）边际治污成本曲线经过原点，其经济学含义是，不存在环境规制时，利润逻辑下，两类企业均没有动力实施减排，因此不存在边际治污成本。（2）同一环境规制强度下，A 企业的边际治污成本曲线斜率小于 B，其经济学含义是：增加单位边际减排量时，企业 B 承担的治污成本更高。（3）边际治污成本函数具有凹性，即曲线斜率的绝对值随环境规制强度的递增而变大，其经济学含义是，因减排技术所限，随着环境规制强度的增加（或者边际减排量的上升），其引致的边际治污成本以更快的速度提高。（4）由（1）、（2）、（3）得到，两个企业的边际治污成本差距与减排量（环境规制强度）正相关，即环境规制越强，两个企业的边际减排成本差距越大。在上述假设条件下，可以断定，至少存在一个环境规制强度 i，使得企业 B 的边际治污成本大于其产品价格。在确定的环境规制强度 i 下，两个企业的边际治污成本确定。转而观察图 3.4，此时两个企业的总成本及总收益曲线确定（两个企业有相同的总收益曲线），且 B 的总成本大于其总收益，A 的总成本小于其总收益。因此，B 被迫退出市场，而企业 A 仍可保持盈利并继续经营（Q_1 为企业 A 收益弥补成本时的产量）。此时，地区内环境要素的配置效率及整体使用效率得到改善。

3.5.2.2 产业结构效应

环境规制的产业结构效应实际上是其资源配置效应的一种结果，或者说是其资源配置效应在产业视角下的表现。下面我们延续前文的分析逻辑对环境规制的产业结构效应进行阐述。在接下来的内容中，我们将说明，环境规制不仅存在对污染企业的效率"倒逼"和绿色转型效应，同时对产业结构的调整升级和经济结构的变迁有着不可忽视的影响。

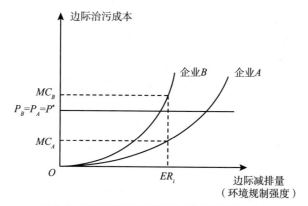

图 3.3　不同环境规制强度下的边际治污成本

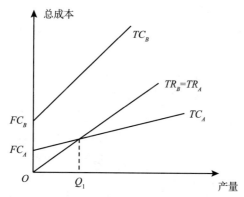

图 3.4　给定环境规制强度 i 下的总成本

　　基于前文的阶段性结论，可以断定，在严格的环境规制下，部分污染低效企业将无法承受环境规制所带来的成本加成和高标准环境要求。因此，相关企业被迫退出市场，原本为其所用的劳动、资本和环境要素重新进入市场流通。需要说明的是，这里的要素市场，并不是某个产业的要素市场，或者说，要素市场不存在产业视角的划分，而是所有产业共用的要素市场。这就为产业结构升级提供了条件：被淘汰企业释放出的生产要素将重新进入现存企业。不同产业对劳动力技能的差异化要求或许使得劳动力在产业之间的流动受到限制，但在劳动力培训方式丰富、培训成本相对低廉的现实背景下，劳动力流动所面临的产业门槛被大大降低了。某种程度上说，从粗放的重工业产业转移至服务业并不存在更高的门槛，至少餐饮等部分服务业门槛相对容易跨越。因此，重新进入市场的要素存在两种可能的流向：一是继续进入相同工业产业的高效率企业（低效率企业因无法承担规制成本，已经退出市场）。其结果是，工业产业仅剩下高效企业，且高效企业因吸收了低效企业的生产要素而进一步扩大规模，从而引致工业产业整体效率的提高。二是低效工业企业退出市场后释放出的生产要素经过短期培训可能进入一些低门槛服务业，从而进一步刺激服务业的发展。此时，在原来的基础上，第二产业产值占比可能下降（尽管其产出效率有所提高），而第三产业产值随之提高，宏观表现为产业结构上的"退二进三"。

也就是说，逻辑上，环境规制还存在提高服务业占比、促进产业结构变迁的作用。同时，一个重要但容易回答的问题是，低效工业企业退出后释放出的生产要素为何不会进入第一产业（农业），而是进入第三产业（服务业）。答案是简单的：一般来说，第三产业的就业报酬所得高于第一产业。过去几十年内，大量农村剩余劳动力进入城市从事餐饮、护理等低门槛第三产业的事实就是证据。也就是说，根据作用范围的大小，环境规制的资源配置效应有两种观察视角，一种是区域或产业内部的"错配纠正"效应，另一种是产业间的结构变迁效应。显然，就环境规制而言，无论是错配的纠正效应，抑或是产业结构变迁效应，对生产率的作用都是积极的。同时，某种程度上说，二者是具有一定内在关联的。原因在于，产业结构变迁本身就是一种纠正资源错配的途径，而产业间资源错配的纠正一定程度上带来产业结构的变迁。

3.6　理论框架提出与实证研究内容安排

3.6.1　本节导语

在本章中，我们试图说明这样一个观点："环境规制将对增长可持续产生积极作用；或者说，合适强度和方式的环境规制有助于实现经济的持续增长"。为了论证上述观点，我们构建了一个具有前提条件的，层层递进的逻辑框架，并对条件的成立性和结论的正确性做出详细说明。具体来说，我们的论证思路包括如下几个重要部分，这些内容是本章主要内容的总结，因此也是本书核心观点的说明和理论框架的基础。

（1）生态环境为社会发展和经济增长提供了重要的生态服务，这种生态服务参与生产，成为实际意义上的生产要素。同时，这种生产要素具备总量有限、与其他要素不可替代、与技术进步可替代的性质。（2）生态服务即环境要素作为有价值的生产要素，但没有完善机制的交易市场和足以反映其价值的交易价格，从而引致对该要素的滥用，表现为污染物的过度排放。（3）高强度环境规制提高了环境要素的使用价格。在利润最大化的生产决策目标下，这将对企业减少使用环境要素形成激励。（4）在上述激励下，环境要素与其他传统生产要素不可替代、与技术进步可替代两个条件"倒逼"企业通过技术进步代替环境要素的使用，客观表现为技术效率的改进，从而促进绿色转型和集约化增长。（5）除技术替代效应外，另外，高强度环境规制下，企业使用环境要素的成本不断提高。在环境要素必需的条件下，部分企业因无法支付使用环境要素所要求的高昂成本而失去使用环境要素的资格，最终退出市场。退出市场的企业释放出的生产要素或由更高生产效率的企业使用，从而实现要素的优化配置，促进产出效率的提高；或由第三产业企业使用，从而促进产业结构变迁；或两者兼备。由环境规制所引致的要素在产业内和产业间的转移共同构成了环境规制的资源配置效应。（6）技术进步效率和资源配置效率的提高将对集约化转型与增长可持续产生正向的积极作用。

不难发现，本书的核心结论是（4）、（5）和（6），即环境规制存在技术进步效应和资源配置效应，共同促进增长可持续。但（4）和（5）的成立建立在（1）、（2）、（3）的基础之上，它们共同构成了本书观点的理论基础和核心框架。从上述框架不难看出本书与"波特假说"之间的关系：已有文献中着重关注的"波特假说"，在本书中只是环境规制引致效率改进的渠道之一。或者说，波特假说是本书理论框架的一个组成部分和分支。因此，本书的创新之一是，为波特假说的成立提供了一个更加宏大和更具说服力的理论背景与解释框架。

3.6.2　本书的核心观点与理论框架

为便于观察和理解，同时作为本章在全书内容中的重要性强调，我们将上述内容进一步提炼，形成了图 3.5、图 3.6 所描绘的逻辑框架。

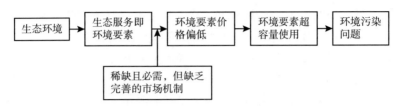

图 3.5　结论推导的理论基础：环境要素视角

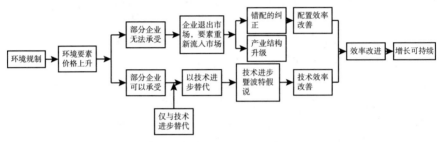

图 3.6　环境规制与增长可持续：一个分析框架

3.6.3　全书实证研究内容安排的主要原则

在提出理论框架与本书观点的基础上，根据全书研究设计与内容安排，自本小节起，正式进入本书的实证研究部分。下面对本书实证研究部分的主要内容安排做简要叙述，目的是给出接下来实证研究部分的设计思路，以收提纲挈领、纲举目张之效。为便于叙述，我们从研究目的、内在逻辑、研究思路等几个方面加以说明，以体现其递进的逻辑层次。

毫无疑问，实证研究设计和内容安排为文章观点的论证服务，这就决定本书的讨论将围绕环境规制与增长的可持续性两个重要研究对象及二者之间的关系展开。同时，实证研究部分的内容安排还应与前文的分析逻辑相契合，不仅论证观点结论的正确性，同时为前面的分析论证提供可信支撑。因此，实证内容部分的主要目的有二。第一，论证环境规制与增长可持续之间的关系，从实证角度回答"环境规制是否有利于实现增长可持续"的问题；第二，从实证角度寻找和论证环境规制促进增长可持续的关键路径；回答"环境规制如何促进增长可持续"的问题。这两个问题是紧密联系、一脉相承的。后一个问题是前一个问题的自然深化，前一个问题是后一个问题的前提条件，共同构成了全书实证研究部分的主要内容和逻辑框架。

3.6.4　全书实证部分内容安排

根据前文说明，本书的实证部分内容可以通过一个简单的传导机制模型加以刻画。原因是，根据前文分析，增长可持续与全要素生产率的变化密切相关，而全要素生产率的来源分别包括技术效率与配置效率，以上两种效率路径涵盖了全要素生产率改进的全部内容。这就意味着，如果环境规制能够从上述两种途径促进全要素生产率的提高，那么必然是有利于增长可持续的。上述分析，正是前述机理的核心逻辑。也就是说，环境规制通过技术效率、配置效率两种路径提高了全要素生产率，进而有利于增长可持续。而环境规制之所以有利于实现技术效率和配置效率的改进，则是本书实证研究部分所重点关注的，也是"嵌套"在整体框架中的。接下来的章节划分与内容安排，即路径效应的检验，同样基于上述逻辑展开，构成了本书实证研究部分的主要内容。必须说明的是，考虑到技术效率及配置效率的改进与增长可持续之间的关系已经得到学界公认，因此不拟使用大量篇幅加以分析，而仅就环境规制与技术效率，以及环境规制与配置效率之间的关系分别加以实证检验。如得到"环境规制显著改善技术效率"及"环境规制显著改善环境要素配置效率"的结论，即认为"环境规制通过改善技术效率和环境要素的配置效率从而有助于实现增长的可持续性"这一观点是成立的。

第 4 章

实证检验：环境规制与技术效率

从本章起，正式聚焦实证研究部分内容。作为本书的重要组成部分，实证研究的目的是通过数据分析和计量工具对文章观点进行检验。具体而言，基于前文机理分析和全书的内容安排，本章旨在讨论环境规制与技术效率之间的关系，从而形成对总论点"环境规制有利于增长可持续"的支持。但实证研究的内容和意义不止于此，我们还将通过一些实证手段进一步挖掘本书关注的话题。有必要再次明确，本章的观点是："环境规制将促进技术效率的提高"。或者说，二者在变化趋势方面是整体正相关的，这体现在模型估计结果的系数和显著性方面。更加细致的内容安排如下。

首先，我们就"环境规制与技术效率"这一话题进行简单综述，归纳和总结已有研究对该话题的讨论和主要结果，并就其不足之处和本书的边际价值进行评价。从全书视角看，本章关注的话题实际上为全书框架下的"子话题"。针对该"子话题"，相关讨论试图为读者展现一个相对简单的理论背景，并介绍本书实证研究设计的创新之处。其次，我们将就模型建立、变量界定和样本选择进行介绍，并在此基础上给出关键变量的描述性统计，以便直观展示过去一段时间内我国环境规制与技术进步之间的大致关系。再次，我们对模型进行估计并展示和解释估计结果。最后，我们还将进行简单的结论分析和进一步讨论。

4.1　既有研究述评与模型建立

4.1.1　既有研究述评与模型构建的理论思考

这里的既有研究述评，旨在强调已有研究的不足之处和本书的边际价值，因此仅选取国内少量相对前沿和具有代表性的文章，且不拟使用过度篇幅加以阐释。从理论视角来看，相关文献的梳理实际上聚焦于波特假说的各种检验。波特假说指出，恰当形式和恰当强度的环境规制有助于实现企业竞争力的提高。毋庸置疑，技术效率的改进，是企业市场竞争力的重要刻画。但必须指出的是，企业的市场竞争力绝不仅仅包括技术效率，甚至连生产效率这一术语也无法完全概括"市场竞争力"的全部内容。原因是，消费者对环境友好型产品的支持、企业自身的营销能力和企业发展的定位及战略选择等多种因素都将对企业的市场竞争力产生影响。但本章内容仅从技术效率这一维度对波特假说给予支持。

区域及产业视角下，关于波特假说，大量的研究集中于两类文献。其中一类聚焦于宏观区域视角（或产业视角）下环境规制与全要素生产率之间的关系，这是波特假说相关研究的一个重要方向，并成为"通过环境规制实现区域增长转型"论断的重要理论支撑。温湖炜、周凤秀（2019）以排污费征收标准的调整为切入点，采用双重差分法考察了市场激励型环境规制与省域全要素生产率之间的关系，并对《环境保护税法》进行讨论，提出了设定区域差异化排污标准的建议。周五七（2019）则聚焦于长三角地区绿色全要素生产率及其驱动因素，讨论了政府环境规制与绿色全要素生产率之间的关系。但是，相关研究存在进一步拓展的空间。原因在于，该文以全要素生产率作为被解释变量，而全要素生产率的变化存在技术效率和配置效率两种途径。没有对全要素生产率的组成做进一步剖析，也就无法分别就环境规制与技术效率、环境规制与配置效率之间的关系进行研判。简言之，相关研究不够深入，无法清晰全面地展示"环境规制促进效率改进"这一过程的底层逻辑，故得到的结论相对笼统，政策含义的针对性相对缺乏。

另一类文献从企业入手对环境规制与企业创新之间的关系进行分析。马艳艳等（2018）以火电行业上市公司为研究对象，讨论了环境规制与企业研发之间的关系，发现二者之间存在先下降，再上升的"U"型关系，且该关系受到企业规模的负向调节作用。何玉梅等（2018）以上市矿产企业为研究对象，就环境规制与企业生态创新之间的关系进行实证研究。结论显示，环境规制可以通过企业生态创新促进企业竞争力的提升。同样，如前所述，这一类文献的不足之处在于，在研究中缺乏对环境规制促进技术效率的内在机理进行逻辑自洽的分析，其根本原因是没有认识到"环境要素"在企业生产中扮演的重要角色、环境要素的使用与污染排放之间的关系，以及环境规制对环境要素价格的影响引致企业对环境要素使用决策的因应变化。同时，相关研究一定程度上忽略了区域或行业配置效率的存在，因此其对波特假说及环境规制经济效应的解释不够完整和系统。

从概念上看，技术效率是指企业生产效率的提高，旨在刻画单个企业生产技术与管理水平的改进，及其带来的产出效率进步；这种效率仅涉及企业自身的生产，与其他企业无关。而配置效率则意在强调要素在生产率不同的生产主体之间流动带来的整体效率变化；这一过程中，相关企业自身的产出效率并未改变。也就是说，如果试图刻画配置效率，那么必须涉及多个生产主体。技术效率与配置效率之间的区别使得实证研究中将二者结合起来置于同一理论框架下加以分析面临挑战，而这正是本书所试图实现的。

根据前文论述，如果希望从"要素替代"这一视角对环境规制的技术效应进行考察，一个恰当的方法是估计出各地区的生产函数，随后通过各种要素变量间的偏微关系等技术手段对"以技术进步替代环境要素"这一事实进行量化分析和估算判断。但是，上述过程的实现，一个必要条件是找到满足环境要素特性的生产函数。这是难以实现的，原因在于：其一，生产必需的要素中，仅技术进步与环境要素在一定区间内存在可替代性，劳动和资本要素与环境要素替代性较小；传统的生产函数具备的数理特性难以满足相关要求。其二，生产函数中的"技术水平"，即全要素生产率，不止包括技术效率，一定程度上还包含了配置效率，是一个"广义"的技术概念，因此通过生产函数难以获悉技术效率的准确量化。这意味着，构造一个满足条件的生产函数模型是相对困难的。

因此，我们退而求其次，试图通过另外一条逻辑路径对环境规制的技术效应进行论证，即如果环境规制的技术效应存在，那么应该满足哪些必要条件，产生哪些宏观表现？如果这些必要条件得到满足且宏观表现已经发生，那么有理由推断，环境规制对环境要素产生了技术替代效应。从前文分析和理论框架来看，相关必要条件和表现有三：第一，环境规制强度与技术水平正相关，即环境规制的技术效应在实证视角下得以论证；第二，环境规制与环境要素的使用负相关，即环境规制的发生使得生产主体减少使用环境要素；第三，技术水平与环境要素的使用负相关，这说明技术水平与环境要素的使用之间确实有着此消彼长的替代关系。不难看出，上述三个条件并不是孤立的，而是有着相当清晰和明显的内在逻辑。上述三个条件中，第一个条件刻画了"环境规制促进技术水平提高"的整体作用。这是环境规制下，技术进步替代环境要素使用的宏观表现，也是本章的核心观点。第二个条件建立了"环境规制与环境要素使用"之间的逻辑关联，并成为第三个条件的论证前提。第三个条件刻画了"环境规制促进技术水平提高"的基本路径：技术水平的提高引致环境要素使用量的减少，这是技术进步对环境要素使用产生替代的表现和必要条件，在条件二成立的前提下，实际上构成了对第一个条件"环境规制促进技术水平提高"的传导路径说明，也就是"波特假说"得以产生的内在逻辑。

上述三个条件刻画和对应了三个方程，结合分析不难得出如下结论：三个方程中，第一个方程是核心方程，后两个方程更多地体现为对第一个方程的解释和佐证，有路径判断和机理检验的功能。三个方程同时成立可以形成对本书理论框架和所得观点的论证。下面，我们对它们逐一估计和分析，以期从环境要素的替代视角全面剖析和展示环境规制产生技术效应的内在机制。需要说明，尽管两个路径判断方程有共同的被解释变量（环境要素使用），但两个方程的核心解释变量之间存在共线性（即核心方程所刻画的关系），因此两个路径判断方程不能合并为一个方程而必须分别估计。上述分析的主要内容可简化为图 4.1，图中箭头表示变量间作用方向。

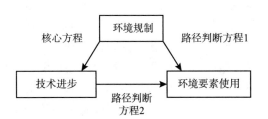

图 4.1　本章实证研究设计思路

4.1.2　核心方程模型构建

$$tech_{it} = \alpha er_{it} + \lambda X_{it} + \alpha_0 + \varepsilon_{it} \tag{4.1}$$

通过对式（4.1）的估计考察环境规制与技术进步之间的关系。其中，$tech$ 为技术水平，以刻画技术进步，er 为环境规制，X 为向量表示的其余全部控制变量。样本为中国的 30 个省级行政单位（包括省、自治区和直辖市），因数据可得性没有包括港澳台和西藏地区。同时，样本选择期设定为 2000 ~ 2017 年，但因数据可得性，部分变量的 2017 年当年数据缺失，2000～2016 年的所有变量数据完整。也就是说，我们使用的面板数据结构是非平衡的。变量选择方面，如前所述，这里的技术效率实际上是环境规制强度变化引致的，生产过程中使用技术进步对环境要素的替代，而不应包括生产要素在不同技术水平企业之间流动带来的效率变动。这意味着传统的全要素生产率概念不能满足我们刻画技术效率的要求。经考虑，各地区专利授权量能够胜任刻画技术水平这一工作。原因在于：其一，专利授权量是得到肯定的企业最终创新成果的体现，能够刻画企业的创新力度和技术水平，其带来的效率改进属于"纯粹"的技术效率，不涉及配置效率。其二，利益最大化的决策规则下，企业有动机将其技术创新与进步通过专利形式加以保护，以提高其通过专利获取利润的能力。这意味着，企业的实际技术水平与其专利授权量之间存在较强的正相关性。这里的分析，隐含的另一个条件是，技术效率由技术水平决定。或者说，更多的技术专利意味着更高的技术水平，进而产生更高的生产效率。一般情况下，该条件是成立的，本书默认其正确性而不过多地加以说明。根据现行统计口径，授权专利分为三种，分别为发明专利、实用新型专利和外观设计专利。前两者侧重于生产实际中效率的提高，而后者则更多地体现为工艺、艺术和设计方面的成就。从本书关注的问题看，环境规制"倒逼"技术进步以实现对环境要素使用的替代，应当以发明专利和实用新型专利为主，与外观设计关系不大。因此，这里以发明专利和实用新型专利授权数量之和刻画技术水平（$tech$）。必须指出，这里的专利数量，不仅从量的维度刻画技术水平，同时体现了技术水平的"质"，即技术水平的高度。原因在于，技术专利本身对创新性有要求，不同的专利在本质上应该是不同的，因此具备了技术水平"质"的差异属性。同时，不同的专利之间，也是难以替代的。另外，本书将环境要素视为生产过程中必需的生产要素，与劳动、资本等并列。这意味着，我们实际上将已有研究中企业的"生产部门"与"排污部门"视作一个更为复杂的统一整体。如果我们将技术粗略地划分为两类：仅具有环境效应的"环境技术"和仅具有生产效率的"生产技术"。那么在本书中，排污视作环境要素使用的情况下，两者均具有"替代环境要素"这一功能，因此无须做过多区分。

环境规制变量（er）：以各地区环境污染治理投资额占全国污染治理投资额的比重（%）表示。其合理性在于，各地区污染治理投资额度刻画了当地政府对污染治理的关注度。一般来说，治理污染投资额度越高的地区，说明地方政府愿意拿出更多的财政支出用于污染治理。因此，地方政府对污染治理的态度越坚决，规制力度越强。而比重形式的指标，则体现了各地区间的"相对"规制力度。总言之，这种处理方式不仅能够客观准确地刻画政府对污染规制的力度，同时可以捕捉各地区之间由经济竞争所引致的，对污染治理的"逐底竞争"（何爱平、安梦天，2019）。

除此之外，模型中还包括如下控制变量，以尽量避免因忽略影响技术水平的重要因素而产生的模型估计偏误。一般来说，技术进步的源泉有两个，一是国内自主研发，二是国外先进技术的获取。后者的实现，实际上又有两种可能途径。一是以国外技术引进为代表的正式渠道，二是以外商投资技术溢出为代表的非正式渠道。大量研究指出，改革以来较长的一段时间内，FDI 所伴随的国外先进技术溢出成为我国技术进步的重要实现途径（何洁，2000；沈坤荣、耿强，2001；潘文卿，2003）。循上述逻辑予以归纳，影响技术进步的重要因素至少包括三个方面：国内技术研发、国外技术引进和外商投资的溢出，我们分别以"各地区研究与开发经费内部支出"（R&D）、"国外技术引进合同支出"（abroad）、"各地区外商直接投资额"（fdi）加以刻画。其中，"国外技术引进"和"外商直接投资"以美元为单位，我们将其按照当年汇率换算为人民币（亿元），所使用的汇率数据来自《中国统计年鉴》。

需要说明，尽管环境规制的主要对象是污染企业，但技术创新的主体却不仅限于污染企业。高校、科研院所和以技术研发、售卖和租赁为主要业务的商业企业都是技术产生的重要主体。高强度的环境规制下，企业通过技术水平的提高实现对环境要素使用的替代，其手段和途径不仅限于自身部门的研发，还可能通过技术购买等方式。从现实生产来看，专业分工的大趋势下，技术优势企业的产生和技术产品市场的发育使得企业研发活动及技术获取的多渠道成为可能。因此，研发投入不应只限于企业部门或特定产业，而应从整个区域的视角加以考虑，这是本书基于区域视角展开实证研究的原因之一。除此之外，考虑到技术的进步与人力资本数量及质量密切相关，因此引入各地区平均受教育年限变量（edu）。统计年鉴没有直接给出各地区平均受教育年限的数据，我们自行测算。参考彭国华（2005）的方法，把劳动力受教育程度分为文盲半文盲、小学、初中、高中、大专及以上，其平均受教育年数分别设定为1.5、7、10.5、13.5、17年。在此基础上，以各类受教育年数乘以对应的人口比重并加总求和即可得到各地区人口的平均受教育年限。同时，考虑到市场对创新的激励和要素、信息的流动对技术创新的重要作用，分别引入市场化水平变量（*mar*）和基础设施建设变量（*basic*），并分别以市场化指数和公路总里程数加以刻画。最后，我们还控制了财政支出分权（*fd*）、产业结构（*str*，以第三产业占比刻画）和环境污染问题群众信访来信数量（*letter*）以分别刻画财政分权制度、产业结构变迁和群众对污染问题的监督三种因素对技术效率改进的影响。因财政支出分权在统计年鉴中没有直接可用的数据，仍自行估算得到，估算方法为地方和中央人均财政支出之比。除特殊说明，上述变量数据来自各年《中国环境年鉴》《中国环境统计年鉴》《中国统计年鉴》《中国科技统计年鉴》《中国教育年鉴》《中国劳动统计年鉴》《中国财政年鉴》、各地区统计年鉴和中国经济与社会发展统计数据库。其中，市场化水平以王小鲁等提出的市场化指数刻画（王小鲁等，2017），这一指数涵盖了经济、社会、法律体制等多方面，包括政府与市场的关系、非国有经济的发展、产品和要素市场的发育程度、市场中介组织发育和法律制度环境等多个角度。部分缺失值以线性趋势外推等方法加以填补。为了控制可能出现的异方差，经费支出等绝对量指标以对数形式进入模型。

在对上述数据搜集和整理的基础上，我们对模型进行估计。在估计方法的选择方面，我们使用系统广义矩估计（SYS – GMM）的方法以尽量克服可能产生的内生性对模型估计结果的影响。同时，我们给出了广义最小二乘估计量（GLS）以及固定效应模型（FE）和随机效应模型（RE）的估计结果，以期从多个角度对估计结果进行对比，考察估计结果的稳健性。

4.2 核心方程估计结果与分析

4.2.1 主要变量描述性统计

在正式对估计结果进行展示和分析之前，我们将通过前文所述方法搜集和整理得到的数据以描述性统计的方式展现，以便读者对过去一段时间内各变量的数值大小和变化状况有一个直观的了解，见表4.1。

表 4.1　　　　　　　　　　　主要变量描述性统计

变量	均值	标准差	最小值	最大值
tech	8.363	1.685	3.931	12.277
er	0.033	0.028	0.001	0.225
fdi	4.901	1.725	−0.007	7.721
R&D	3.075	1.527	−0.580	6.971
abroad	2.383	1.929	−4.152	6.418
edu	8.402	1.056	5.438	12.389
mar	7.931	2.950	0.950	18.099
basic	7.570	1.422	2.564	12.706
fd	4.928	3.082	1.078	23.236
str	0.411	0.084	0.286	0.805
letter	9.328	1.432	3.912	12.555

注：如书中所述，表中部分变量以对数形式展示，故存在负数值。

　　表 4.1 传达出以下信息。首先，我国各省份地区处于不同的发展阶段，经济发展水平、经济结构和发展状况差异较大，且经历了较大变化。以技术水平为例，样本期内最大值省份达到 12.277（对数化后），而最小值仅为 3.931（对数化后），而标准差也达到 1.685；其他各变量也呈现出相似的特征。随后，我们展示出本书重点关注的环境规制变量与技术水平之间的散点图及拟合直线。散点图与拟合线能够直观地展示两个变量之间的变化趋势和相关关系，为我们论证的观点给出一个基本的佐证，一定程度上能够判断所论证观点的正确性。对应的散点图与拟合线见图 4.2。

　　图 4.2 中，横轴为环境规制强度的度量，纵轴是技术水平的刻画。从图 4.2 来看，一个最为直观的感受是，环境规制与技术水平之间呈现明显的正相关关系。拟合线由左下方向右上方延伸，斜率为正，支持了文章观点。进一步观察图示发现，样本期内，各地区环境规制与技术水平在固定区间内呈现出相对集中的状态：样本中，环境规制强度多集中于（0，0.05）区间，而技术水平变化多集中于（0，10）范围内。

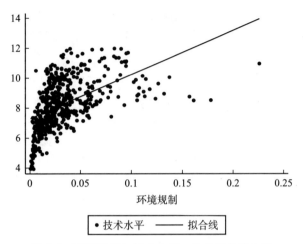

图 4.2　环境规制与技术水平：散点图与拟合线

4.2.2　核心方程的估计结果与分析

在上述直观感受的基础上，表 4.2 展示了式（4.1）所刻画模型的估计结果。

表 4.2　　　　　　　　环境规制技术效应检验方程估计结果

	SYS - GMM	GLS	FE	RE
L. tech	0. 086 ** (0. 036)			
er	8. 584 *** (1. 127)	5. 477 *** (1. 237)	6. 802 *** (0. 969)	5. 441 *** (1. 080)
R&D	0. 297 *** (0. 051)	0. 154 *** (0. 026)	0. 358 *** (0. 026)	0. 273 *** (0. 027)
fdi	0. 057 (0. 042)	0. 186 *** (0. 031)	0. 111 *** (0. 023)	0. 137 *** (0. 027)
abroad	0. 135 *** (0. 026)	0. 108 *** (0. 020)	0. 137 *** (0. 019)	0. 128 *** (0. 021)
edu	0. 157 *** (0. 055)	0. 230 *** (0. 053)	0. 147 *** (0. 043)	0. 213 *** (0. 040)

续表

	SYS – GMM	GLS	FE	RE
mar	0. 060 *** (0. 010)	0. 107 *** (0. 012)	0. 047 *** (0. 010)	0. 082 *** (0. 011)
basic	0. 216 *** (0. 045)	0. 509 *** (0. 035)	0. 151 *** (0. 038)	0. 365 *** (0. 036)
fd	– 0. 070 *** (0. 010)	– 0. 033 ** (0. 010)	– 0. 095 *** (0. 013)	– 0. 058 *** (0. 014)
str	1. 751 *** (0. 612)	2. 086 *** (0. 516)	0. 814 * (0. 420)	1. 050 ** (0. 469)
letter	0. 246 *** (0. 058)	0. 088 *** (0. 025)	0. 158 *** (0. 028)	0. 121 *** (0. 028)
常数项	– 0. 283 (0. 754)	– 1. 577 *** (0. 412)	1. 988 *** (0. 441)	– 0. 142 (0. 431)
R-squared	—	—	0. 883	0. 870
AR（1）	0. 000	—	—	—
AR（2）	0. 350	—	—	—
sargan	1	—	—	—
obs	493	510	510	510

注：系数下方的括号内为对应的标准误；***、**、*分别表示在 1%、5% 和 10% 的显著性水平下显著；AR（1）、AR（2）及 sargan 处为对应 P 值；固定效应及随机效应模型中，模型整体显著性水平均为 $P > F = 0.000$。

　　正如机理分析中描述的那样，与散点图及拟合线传达出的信息一致，表 4.2 表明，环境规制的确产生了十分显著的技术效应，表现为环境规制与技术水平之间显著的正相关关系。系统广义矩估计中，残差的序列相关性与工具变量的有效性均满足估计一致性的要求。并且，四种不同的估计方式中，变量的符号和显著性十分稳定和一致，说明该估计结果稳健。这意味着存在通过加强环境规制提高技术水平和改进技术效率，进而实现增长可持续的路径机理。同时，技术水平一阶滞后项显著为正，意味着技术水平的提高存在一定的路径依赖。

　　除环境规制变量外，我们同样关心其他控制变量估计结果的符号和显著性。原因是，这些控制变量同样提供了改进技术水平，进而提高技术效率的重要路径，可以为我们促进增长方式转变，进而实现生产率驱动和绿色增长提供重要启发。对控制变量的解读，我们选择基于两阶段系统广义矩估计的估计结果展开（表中 SYS – GMM 一栏；另外，文中涉及的系统广义矩估计均为"两阶段系统广义矩估计"）。原因是，系统广义矩估计不仅可以控制一定的内生性，同时引入了被解释变量的一阶滞后项，可以刻画经济变量的滞后性，因此整体来看其估计结果是相对准确和稳健的。值得指出的是，不仅我们最为关注的环境规制变量，其余控制变量，在不同模型中的估计结果、符号和显著性也保持了相当的一致，意味着实证模型的估计结果稳健与可信。基于系统广义矩的估计结果，首先观察技术进步的三个重要来源变量：自主研发投入（R&D）、国外技术引进（abroad）和外商直接投资的技术溢出效应（fdi）。估计结果表明，三个变量的符号均为正数，但我们发现，外商直接投资变量的系数不显著。这说明，样本期内，外商投资对我国技术溢出的效应不明显，这一结论与很多已有文献相悖，原因可能有两个。其一是，在改革开放的初期，中国企业技术水平相对落后，而外商技术相对先进，二者之间差距较大。这种情况下，外商投资的技术溢出对我国技术水平的促进相对明显。同时，因技术水平差距较大，技术溢出对国外先进企业的影响有限，外商不会考虑技术溢出给自身带来的经济损失和市场竞争力削弱。而随着我国企业自身技术水平的不断提高，国内企业与外商之间的技术水平差距不断缩小，在某些领域甚至占据世界前沿，已经由"跟跑"逐渐转向"并跑"和"领跑"，外商投资的技术溢出自然对我国技术的进步和提高效应不再显著。其二是，随着我国不断参与世界贸易与市场分工，与全球经济融合更加深入和广泛，我国企业与国外企业之间的竞争不断激烈化。作为提高产出效率、占领市场的关键因素，外国企业在投资我国的过程中，有强烈的动机将关键技术加以保密，防止其泄露和溢出。也就是说，在不同的发展阶段，外商投资的技术溢出效应是截然不同的。本书样本期选择，恰好在我国企业技术水平不断攀升的阶段和背景下。因此，表4.2中外商投资变量符号不显著的主要原因是我国企业技术的不断超越和日趋激烈的国际市场竞争。同时意味着，依赖外商投资的技术溢出来提高我国自身技术水平的路子已经走不通。另外，自主研发和国外技术引进两个变量符号显著，意味着自主研发和国外技术引进是过去一段时间内我国技术水平提高的主要源泉，与外商投资技术溢出的不显著相互佐证。同时，自主研发和国外技术引进的系数分别为0.2978和0.1357，前者远大于后者，几乎是后者的两倍有余。这说明，过去一段时间内，自主研发是我国技术水平提高的主要驱动力，其次才是国外技术引进。这里的启发是，随着我国企业技术水平的提高，参与国际市场更加频繁，我们将面临更为激烈的国际市场竞争。上述大趋势下，必须坚持自主研发，切实提高自主创新能力，以此作为技术进步的主要渠道和占据国际市场的重要途径。只有这样，才能保证发展方式转变和经济持续增长所必需的技术供给。

随后，我们观察两个最为重要的制度变量估计结果：市场化水平和财政分权，发现两个变量的符号截然相反，且均在 1% 的水平下显著。市场化水平变量的符号显著为正，说明过去一段时间内，市场化取向的改革促进了要素的流动，加剧市场竞争，更有利于高效率企业获取生产要素并占领市场，充分发挥市场的优胜劣汰作用，有利于提高产出效率。同时，考虑到市场化的内在含义，这里的结果还意味着，市场化改革不仅具备一般意义上的配置效率，配置效率的提高还将有利于改善企业的技术效率。这可能是因为，"通过技术进步实现环境要素替代"这一过程中，市场化改革将一定程度上减少要素流动面临的制度性阻碍，从而降低技术部门使用生产要素面临的成本，使得技术部门可以将更多的生产资源集中于先进技术的研发，从而提高自身的技术产出效率。这里的实证结果同样具有重要的理论价值：大量研究中，技术效率和配置效率作为全要素生产率的组成部分，二者之间具有一定的相对独立性。而本书的研究表明，配置效率的提高将一定程度上促进技术效率的进步，二者间具有一定的内在逻辑关联。这意味着存在通过改进制度设计提高技术效率的途径。因此，必须进一步厘清政府和市场之间的关系，坚定不移地推进市场化改革，明晰政府的行为边界，清除政府对市场的不当干预，破除不利于要素流动和效率改进的体制阻碍。

与市场化水平的符号相反，财政分权制度与技术水平之间存在显著的负相关关系，说明财政分权制度一定程度上阻碍了技术水平和技术效率的提高。大量研究指出，政治上集权、经济上分权的制度安排和以经济建设为核心的官员晋升考核机制是中国经济实现"增长奇迹"的重要制度保证。在经济发展为核心目标的政绩考核体系下，政治上的集权保证了中央政府在人事安排、官员奖惩和晋升方面的绝对权威，而经济上的分权则为地方政府通过发挥自身禀赋和官员才能实现经济增长提供了充分的空间。上述制度安排将中央政府的主要目标（经济增长）与各级地方政府主政官员的个人利益（职务晋升）"挂钩"，为各级政府发展当地经济提供了强大动力。但考虑到地方政府的主要职能不仅限于经济发展，以增长为主要目标的激励设计使得地方政府忽略了如教育、环保、发展方式等方面的治理，成为中国在发展过程中遭遇各种问题的制度根源。上述背景下，地方政府更倾向于通过粗放式增长快速实现经济效应，而非技术研发这种投入大、风险高、周期长且结果难以预期的活动。但事实上，后者才是经济长期增长的动力和源泉。总之，财政分权显著为负的估计结果佐证了"晋升锦标赛"理论，并一定程度上指出了过去一段时间内高能耗、高污染、高增长并存的粗放式增长的制度根源。如果将市场化和分权两个制度变量的估计结果做以对比，那么一个更为清晰的结论是，分权制度下，过去一段时间内的区域发展与经济增长，是以损失一定的市场效率为代价的。

产业结构的变迁同样对技术进步产生了拉动作用。原因可能在于，产业结构的变迁伴随着劳动、资本等要素在不同产业间的流动，成为经济结构变迁的主要推动力，同时对产品自身、生产流程和生产技术提出了新的要求。以本书所选变量为例，第三产业在整体经济中占比的提高，其背后是第三产业生产的扩张。而第三产业的扩张所需要的技术更新和技术供给必然促进技术市场和企业研发部门的发育，从而对技术进步产生促进作用。最后，我们观察教育水平、基础设施建设和信访数量三个变量的估计结果，发现三个估计系数均为正，且均在1%的水平下显著。这不难理解，科学技术是第一生产力，高水平技术的研发离不开人才，高水平技术的应用也离不开人才，而实现人才培养的重要途径是教育。如果希望实现增长方式转变，将经济增长由资源扩张转向依靠劳动力素质提高和科技水平进步上来，就必须大力发展教育事业，提高教育普及率和教育水平，为高素质人力资本的培育提供强大支撑。这里的估计结果是对"科教兴国"重大战略的支持。基础设施变量的符号同样显著为正，是因为公路等基础设施的不断完善为人力资本、物质资本、信息和技术的流通提供了基本的物质基础，降低了相关要素的流动成本。在此基础上，商业、科技等活动日益频繁，信息沟通更为便捷，联系更为紧密，思想碰撞不断产生创意创新，产出和效率随之提升。另外，更高教育水平的居民一般拥有相对丰富的环境科学知识和更为强烈的环境保护意识，能够在日常生活中主动选择绿色环保和有利于节能减排的消费产品，并通过各种方式主动抵制污染行为，这都将对污染企业形成压力，敦促其通过技术水平的提高改变污染行为。

污染的信访来信数同样显著地促进了技术水平的提高。这可能是因为，信访来信数背后是公众对污染行为的抵制和对清洁环境的诉求，对政府形成了环境保护的施政压力，要求政府实施更为严格的环境规制。从规制主体看，这是一种"非正式环境规制"。另外，来信数刻画了消费者对环境友好产品的偏好，污染产品将逐渐失去市场，这对污染企业形成一定的淘汰压力，"倒逼"其提高技术水平，减少环境要素的使用即污染排放。同时，来信数反映了公众环保意识提高带来的清洁环境诉求，进而形成对清洁产品"用货币投票"的市场行为，成为一项具有市场激励型环境规制色彩的非正式环境规制。原因是，一个通过信访举报污染企业的消费者大概率不会选择购买污染产品。

值得说明的一点是，教育水平、基础设施建设和群众来信三个变量中，教育水平的估计系数最小，基础设施建设次之，群众来信最大，说明过去一段时间内，对技术水平改进最大的是具有一定市场激励属性的群众来信。而教育水平的系数偏小，本书认为这并不意味着教育水平对人力资本和技术创新的重要作用被低估，或者教育对技术进步的促进作用相对微弱。而是因为，通过教育水平的提高实现技术进步，需要一个较长时间的跨度。以技术研发为例，一般需要硕士研究生及以上学历或相当的研究资质方能胜任，如硕士研究生、博士研究生、研究员与教授。而一个硕士或博士研究生所经历的教育一般在 15～20 年。这意味着，通过教育水平的提高实现技术水平的改进对时间跨度有一定要求，其效应并非当期产生。因此，教育事业的发展不可急功近利，必须久久为功。

总之，表 4.2 的估计结果支持了前文提出的观点，肯定了环境规制的技术进步效应。同时，本小节还得出以下结论。（1）已有研究所指出的，技术进步最为重要的三个源泉：自主研发、国外技术引进和外商投资的技术溢出；它们对技术进步的拉动效应截然不同。其中，自主研发对我国技术进步的拉动作用最为明显，国外技术引进次之，而外商投资的技术溢出效应已经不再显著。（2）作为重要的制度变量，市场化水平显著促进了技术进步，而财政分权制度则对技术进步产生了阻碍。（3）交通基础设施建设、产业结构变迁促进了技术水平的进步。（4）刻画人力资本的教育水平和反映公众环保意识的因污染信访来信数量两个变量同样对区域技术进步产生了显著的激励作用。（5）我们的结论发现，技术效率和配置效率之间并非相互独立，而是有着正相关的内在关联。上述结论的主要启发包括：（1）作为创新驱动和高质量发展的重要动力，技术进步的作用不言而喻。随着经济全球化加深和国际市场竞争日趋激烈，企业应摒弃从外商获取先进技术的想法，切实加强自主研发，努力实现由制造向创造的转变，改变增长方式，为绿色发展提供强大动力。（2）大力推进市场化改革尤其是要素和技术市场化改革，不断培育和完善能够反映要素价值的灵敏市场体系，强化市场的资源配置作用，及时破除不利于市场竞争的制度性因素。在此基础上，充分发挥市场竞争的优胜劣汰作用，淘汰低效率企业，提高整体产出效率。（3）不断完善交通、通信等基础设施，大力推进公共服务建设，为企业的创新和发展提供更高质量的基础设施供给，从而增强各项资源优化配置的能力。（4）通过教育、报纸、网络媒体等手段宣传环境保护和绿色发展理念，切实提高公众的环境保护意识，形成环境保护与绿色发展的共识，不仅对地方政府形成"倒逼"压力，同时从市场维度激励企业的绿色生产转型和高质量发展。

在肯定环境规制技术效应的基础上，接下来，我们将通过一个路径判断方程对"技术效率的改善是在替代环境要素这一动机下展开"的观点进行佐证。

4.3 路径判断方程 1 估计结果与分析

4.3.1 模型构建与环境要素变量选择

依前文所述，路径判断方程 1 如式（4.2）所示：

$$ef_{it} = \lambda er_{it} + \alpha X_{it} + \alpha_0 + \varepsilon_{it} \qquad (4.2)$$

式（4.2）中，ef 为环境要素的使用量，er 为环境规制强度，X 为控制变量。式（4.2）刻画了环境规制与环境要素使用量之间的关系，实际上刻画了"价格规律"，即环境要素价格与环境要素使用数量之间的关系。如果环境规制确实显著降低了环境要素的使用数量，在前文环境规制促进技术进步的基础上，就能够对"环境规制促使企业将环境要素替代为技术进步"这一观点形成支持。环境规制变量的选择与数据来源与式（4.1）保持一致，但考虑到被解释变量与之前不同，为保证估计结果的准确性，我们在式（4.1）中所选控制变量的基础上做简单调整。具体来说，参考已有文献，我们删去了与污染排放联系相对不紧密的自主研发力度、国外技术引进和地区平均受教育水平，添加了各地区人口数量（$peop$）与城镇化水平（*urban*）两个变量，分别以地区常住人口和城镇人口占比刻画。原因是，城镇化的推进需要大量钢铁、水泥等建筑材料，将催生相关产业，而上述建筑材料的生产具有高能耗和高排放的性质。同时，城镇居民与农村居民在生产方式和生活方式方面差异较大，对物质和能源的需求较高。考虑到能源消费与排污之间的密切联系，因此将相关变量引入模型。

下面对环境要素的刻画做简单介绍。环境要素，即企业生产过程中所使用的，由区域生态环境系统提供的，对企业排放污染物吸纳和净化的服务。这一视角下，企业在生产中使用的环境要素数量，自然就是企业的排污数量。借鉴陈诗一（2009）的研究，我们以各地区二氧化碳（CO_2）排放量加以刻画。之所以选择二氧化碳的排放量而非其他污染物，原因在于，因中国多煤的特殊能源结构，电力供应以煤炭燃烧产生的火电为主，而二氧化碳正是火力发电产生的主要污染物。化石能源燃烧提供的电能是中国经济增长的重要支持。除此之外，汽车、飞机等交通工具的运行同样依赖于汽油、航空燃油等化石能源燃烧产生的能量。上述事实中，重要的有两点。一是，在煤炭、燃油等燃料燃烧技术没有明显改进的当下，经济发展所必需的电能主要依赖于火电，也即煤炭等化石能源的燃烧。二是，煤炭等化石能源燃烧必然产生二氧化碳。由上述两个条件可以推知，二氧化碳的排放与电能的产生密切相关，一定程度上成为与经济发展关联最为密切且无法避免的污染排放。

另外，经济增长对电力、能源的消耗具有刚性。只有转变增长方式或者调整产业结构，才能真正实现能耗降低和二氧化碳减排。从这个角度看，二氧化碳排放变化可以相对准确地表征增长方式的转变，粉尘、污水、二氧化硫等污染指标则难以胜任。原因是，并非所有的粗放型增长均产生大量粉尘、污水和二氧化硫，但一般具备高能耗和高二氧化碳排放的特征。更为重要的是，从相关数据看，二氧化硫、粉尘等污染，其治理已经取得明显成效。但二氧化碳的减排，推进相对缓慢。这意味着，在实证分析中，如果忽略了这一事实，可能造成对污染形势和发展方式的误判。实际上，作者曾尝试将二氧化碳排放、二氧化硫排放、废水、废固等指标通过技术手段合成新的"污染变量"，但发现，在部分年份，其变化趋势与二氧化碳差异显著。因此，这种处理方式可能会得出片面的结论。同时意味着，在工业生产所伴随产生的众多污染物种类中，二氧化碳排放的变化最能刻画增长方式及其转变，也最能刻画地区环境要素的使用。

因此，本书使用二氧化碳的排放量刻画环境要素的使用数量。因二氧化碳主要来自化石能源的消费，我们选取七种化石能源（煤炭、焦炭、汽油、煤油、燃料油、柴油、天然气）的消费量和水泥的生产量作为估算各地区二氧化碳排放量的基础，具体的估算方法由式（4.3）给出：

$$C_{it} = \sum_{l=1}^{7} E_{itl} \times NCV_l \times CEF_l \times COF_l \times (44/12) \qquad (4.3)$$

式（4.3）中，C 为二氧化碳排放量即环境要素使用量，E 为各地区能源消费量，NCV 为各种能源低位发热量，CEF 为碳排放系数，COF 为碳氧化因子，数据来自 IPCC，但缺少原煤的相关参数。这里参考陈诗一（2009）的做法，取烟煤和无烟煤的加权平均（80% 和 20%）代替。44和 12 分别是二氧化碳和碳的相对分子量。与以往的研究保持一致，为了平滑数据，环境要素变量以对数形式进入模型。

在正式估计模型之前，我们同样通过散点图及拟合线的方式对环境规制与环境要素使用数量之间的关系进行直观展示和观察。通过观察变量之间的散点图和拟合线，可以直观获悉变量之间相对变化，进而对二者之间的相关关系给出基本的判断。图 4.3（上）展示了环境规制与环境要素使用量之间的散点图及拟合直线。

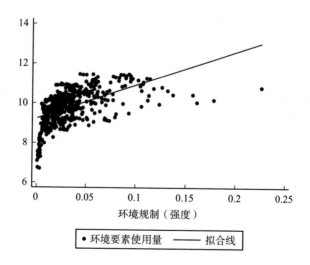

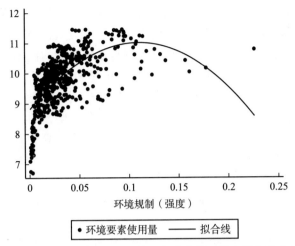

图 4.3　环境规制强度与环境要素使用量：散点图与拟合线

　　首先观察图 4.3 中的上图。我们发现，与我们所持观点截然不同，环境规制强度与环境要素的使用数量之间呈现出出乎预料的正相关关系，且从拟合直线的斜率值来看，其正相关关系相当明显。这不仅与本书观点相左，同时与基本逻辑也是相矛盾的。环境要素的使用量以污染排放刻画，而环境规制描述了地方政府对企业排污的管制力度，反映了企业排污所付出的代价或成本。根据价格理论，企业使用要素的数量应当与该要素的价格成反向相关的关系。对于这一结论，一个合理的解释是，环境规制对企业使用环境要素的影响是非线性的。为了验证上述结论，我们使用二次曲线对环境规制强度与环境要素使用量之间的关系进行拟合。结论发现，环境规制强度与环境要素使用量之间呈现出十分明显的抛物线形状，且该抛物线开口向下，即倒 "U" 型曲线。也就是说，在特定强度的环境规制下，环境规制与环境要素使用量之间呈现正相关关系；而在越过拐点之后，环境规制的加强将有利于企业减少环境要素的使用。这说明，前文提出的观点 "环境规制使得企业减少环境要素的使用数量" 是成立的，但其成立对环境规制强度存在一定要求。

　　图 4.3 中，倒 "U" 型曲线产生的原因不难理解。企业在面临不同强度的环境规制时，其反应行为是不同的。在环境规制水平较低时，只有较小规模的企业受其影响，产量高、产值大的企业对此并不敏感，甚至会产生 "以罚款换生产" 的行为。在某些垄断行业，其产品需求弹性较小，环境规制给企业带来的成本加成很大一部分转嫁到消费者身上，对企业的生

产和获利影响甚微。但为了及时制止污染，部分地区将强化规制或改变规制形式，规制强度的增加无疑将对污染企业产生威慑，最终促使企业减少排污即环境要素的使用。另外，环境规制与环境要素的使用，其二者之间呈现出倒"U"型关系，生产调整的时滞也是一个重要原因。环境规制下，企业减排涉及的设备更替、技术革新等生产调整需要一定时间才能实现。总之，散点图及拟合线表明，环境规制与环境要素的使用量之间呈现出先上升后下降的倒"U"型关系，说明本书结论是成立的，但其成立存在环境规制强度的条件。

4.3.2　估计结果与分析

在散点图与拟合线的基础上，我们对模型（4.2）进行估计。考虑到拟合线表明，环境规制与环境要素使用量之间存在先上升后下降的倒"U"型关系，我们将环境规制的二次项引入模型对上述路径加以刻画。估计结果方面，与前文保持一致，我们将同时展示系统广义矩估计（SYS - GMM）、广义最小二乘（GLS）、固定效应模型（FE）和随机效应模型（RE）的估计结果。同样，考虑到系统广义矩估计具备的优良性质（控制内生性和引入滞后项的动态属性），对估计结果的讨论，我们将基于系统广义矩的估计结果展开，对应的估计结果展示在表4.3中。

表4.3　　　　　　　　　　　环境规制与环境要素使用

	SYS - GMM	GLS	FE	RE
$L. ef$	0.050 (0.033)			
er	26.242 *** (3.313)	13.517 *** (1.802)	18.586 *** (1.784)	13.517 *** (1.821)
er^2	- 124.598 *** (18.394)	- 63.573 *** (10.807)	- 82.773 *** (10.433)	- 63.573 *** (10.925)
fdi	- 0.237 *** (0.051)	- 0.159 *** (0.022)	- 0.196 *** (0.021)	- 0.159 *** (0.022)
mar	0.012 (0.011)	0.021 *** (0.007)	0.004 (0.007)	0.021 *** (0.007)

续表

	SYS – GMM	GLS	FE	RE
fd	0. 031 *** (0. 011)	0. 061 *** (0. 011)	0. 004 (0. 012)	0. 061 *** (0. 011)
basic	0. 221 *** (0. 069)	0. 275 *** (0. 022)	0. 107 *** (0. 029)	0. 275 *** (0. 022)
str	– 2. 174 (1. 357)	– 3. 619 *** (0. 311)	– 3. 415 *** (0. 305)	– 3. 619 *** (0. 315)
letter	– 0. 124 *** (0. 027)	– 0. 061 *** (0. 014)	– 0. 084 *** (0. 021)	– 0. 061 *** (0. 015)
peop	0. 840 *** (0. 041)	0. 827 *** (0. 045)	0. 864 *** (0. 044)	0. 827 *** (0. 046)
urban	3. 203 *** (0. 688)	2. 916 *** (0. 311)	3. 395 *** (0. 312)	2. 916 *** (0. 315)
常数项	1. 577 *** (0. 558)	1. 615 *** (0. 333)	2. 897 *** (0. 354)	1. 615 *** (0. 336)
Obs.	493	510	510	510
R-squared	—	—	0. 813	0. 790
AR（1）	0. 000			
AR（2）	0. 328	—	—	—
Sargan	1			

注：系数下方的括号内为对应的标准误；*** 、** 、* 分别表示在 1%、5% 和 10% 的显著性水平下显著；AR（1）、AR（2）及 sargan 处为对应 P 值；固定效应及随机效应模型中，模型整体显著性水平均为 $P > F = 0.0000$。

从表 4.3 展示的估计结果看，正如散点图及拟合线所描绘的那样，环境规制与环境要素的使用量之间有着十分显著的倒"U"型关系。如前文分析，环境规制强度越过拐点后，将对环境要素的使用即排污产生抑制。正是这种抑制效应，"倒逼"企业通过技术进步谋求生产的延续和产出提高。上述过程，是环境规制产生技术进步即技术效率效应的重要原因，同时伴随着企业生产由要素积累驱动的粗放式增长转向由技术进步驱动的集约化增长。从这个角度来说，本书所持"环境要素替代"的观点为理解波特假说提供了一个全新且具有说服力的视角。

控制变量方面，我们同样有一些新发现，可能蕴含着重要的政策启示。基于系统广义矩的估计结果对控制变量加以解读。首先，估计结果表明，误差项差分的相关性和工具变量的有效性满足估计结果一致性的要求。随后观察变量估计结果，我们发现，首先，外商直接投资符号显著为负，意味着我们的估计结果并没有支持"污染天堂"假说。这可能是因为，从更长时间维度的宏观视角看，各级政府对环境污染的态度实际上经历了一个明显的转变。从改革开放初期的"以污染换发展"，放松环境管制以吸引投资，到现在的"严格环境规制，推动绿色发展"。不难理解，各级政府对污染的态度转变将直接影响其对外商投资环境效应的态度。也就是说，"污染天堂"的成立性与研究的样本期选择密切相关。考虑到本书实证检验样本选择期相对靠后，更多地落入政府严格环境规制的区间，因此没有支持"污染天堂"假说。由此，我们还可以获悉一个简单但重要推论："污染天堂"的成立与否与地方政府对待污染的态度密切相关。亦或者说，"污染天堂"的发生实际上取决于被投资国政府在经济发展与环境质量之间的权衡与取舍，属于发展观的问题，但该发展观与东道国当地的发展水平是相关的。

财政分权变量与环境要素使用显著正相关。原因可能是，以经济绩效考核为主的"晋升锦标赛"下，地方政府更倾向于通过发展高能耗、高排放的粗放产业拉动经济，以快速产生经济效应和在政治竞争中获得优势。这里的实证结果从"中国式分权"的制度视角给出了过去一段时间内环境污染加剧的原因。外商投资与分权变量符号相反，似乎反映出地方政府对"发展与环境"之间的取舍存在矛盾，其原因可能在于区域差异。从数据来看，外商投资主要集中于东部沿海省份，相应地区发展水平较高，因此更加重视环境保护工作，招商引资以清洁产业为主。中西部地区则相反，更倾向于透支环境要素拉动增长。估计结果还表明，污染信访来信数与环境要素的使用显著负相关，意味着公众对污染的抵制态度对污染排放产生了显著的抑制作用。地区人口数量和城镇化水平均与环境要素的使用正相关，原因在前文已有叙述，这里不做更多说明。以第三产业产值占比刻画的产业结构变量估计系数为负，但并不显著。原因可能在于，第三产业的发展为公众提供了更多高收入职位，从而提高了个体收入，扩大了可选择的商品空间及对应消费，从而产生了一定的消费性污染。一个例子是，私有汽车的增多将引致尾气排放和污染。除此之外，值得指出的是，基础设施变量与环境要素的使用显著正相关。这可能是因为，基础设施的完善降低了要素流动和经济活动的成本，从而促进商业与经济的繁荣，而经济活动对能源等资源有刚性需求，因此产生了大量的能源消费与排放，损耗了环境要素。另外，样本期内，中西部大多数省份正处于城镇化建设的中期，有着基础设施密集建设的发展特征。公路、铁路、桥梁等基础设施建设需要大量的建筑材料，其生产、运输都将产生大量的能源消费和污染排放。在生产技术难以突破的条件下，这是不可避免的。但是，可以预期，在基础设施建设完成后，其污染效应将放缓或消失，且其对资源配置的强化作用将为地区发展带来更多便利。

本小节，我们讨论了环境规制与环境要素使用数量之间的关系，目的是希望从实证研究的角度对"环境规制作用下，企业通过技术改进对环境要素使用形成替代，从而客观上产生了技术效应"这一中心观点加以验证。具体来说，本小节是上述论证过程中的一个环节。作为生产必需的要素，环境要素使用成本的提高无疑将对企业使用环境要素产生压力，这是"倒逼"企业通过技术改进对环境要素加以替代的重要前提。换言之，如果没有环境要素使用成本的提高，那么企业可能没有动力通过技术水平的改进对环境要素加以替代。如果上述分析是正确的，伴随着环境规制的强度不断提高，环境要素的使用数量当随之减少，即环境规制与环境要素使用数量二者之间应当呈现出负相关关系。本章的主要内容，即是对上述论断的检验。模型估计结果支持了相关分析，但估计结果同时表明，环境规制强度与环境要素的使用数量之间并非简单的线性关系，而是呈现倒"U"型的二次曲线关系，意味着，只有环境规制强度越过拐点，才能对环境要素的使用产生抑制。

除此之外，控制变量的估计结果同样提供了相当的政策价值。首先，结合已有研究的结论并加以对比，我们发现，就中国而言，"污染天堂"的成立可能不是一成不变的定论，而是与发展水平及所处的发展阶段，以及因此导致的，地方政府对污染的态度密切相关，肯定了地方政府在环境治理方面的能动作用。另外，我国中西部大部地区仍处于相对欠发达的发展阶段，表现为两点。一是，发展水平相对偏低，产业结构仍体现出高能耗、高排放及低附加值的粗放式发展特征；二是，从城镇化建设的角度看，相关地区正处于城镇化建设的初、中期，距离城镇化结束还有相当的距离。城镇化作为拉动区域增长的重要动力，其巨大的推进空间一定程度上决定了相应地区广阔的经济增长空间。但同时，考虑到城镇化对工业材料、建筑材料和能源消费的刚性需求，不可避免地对生态环境产生负面效应，使得在部分地区，城镇化进程对区域环境要素的使用面临突破生态阈值的风险，这是城镇化过程中各级政府必须考虑的。最后，估计结果表明，分权变量产生了显著的负面环境效应，这与已有研究的主流结论保持一致，体现了制度和激励政策的设计对经济社会发展的重要影响。

总结来看，本小节主要内容启示如下。（1）坚定不移地走绿色发展之路，推动以要素扩张拉动的粗放式增长转向以技术进步和全要素生产率驱动的集约式增长。（2）在城镇化建设和城市扩张的过程中，全面评估其经济、生态、社会和民生效应，可根据地方发展阶段和发展实际适当取舍，但不应有所偏废。尤其是，城镇的建设和扩张应当在生态承载力和环境容量允许的范围内展开，不应过度透支环境要素与生态资源。（3）应将地方主政官员的考核指标体系设计与地方政府的主要职能相结合，逐步扭转"唯 GDP 论"的考核导向，强调绿色发展，从而对官员的治理行为产生正确的激励。具体来说，应完善地方官员的政绩考核体系与晋升标准，变单一的经济绩效考核为经济、环境、民生等多维综合指标考核，避免因地方政府过度追逐政绩而产生粗放式增长的短视行为。

4.4　路径判断方程 2 估计结果与分析

在前文的基础上，根据文章内容安排，本小节将就技术进步与环境要素使用之间的关系通过实证手段展开讨论。本小节的主要内容围绕"技术进步与环境要素使用数量"二者之间的关系展开。为理解实证研究的设计思路，有必要再次回顾文章观点，并对本章前面几节的内容再次阐述。本章观点是，"环境规制促使企业通过技术进步对环境要素的使用产生替代"。通过前文的实证研究，我们已经得出两个重要结论："环境规制显著促进技术进步"以及"环境规制将抑制企业使用环境要素"，也就是图 4.1 中的核心方程和路径判断方程 1。但在图 4.1 的机理分析图示，尚存在"技术进步→环境要素使用减少"相关内容的论证空白，即路径判断方程 2。因此，本书通过实证研究对上述空白加以弥补，从而形成对本书观点的支持。

4.4.1　模型构建

$$ef_{it} = \beta_0 + \beta_1 tech_{it} + \beta_i Z_{it} + \varepsilon_{it} \qquad (4.4)$$

式（4.4）构成了"技术进步代替环境要素"观点的论证，即图 4.1 中路径判断方程 2。式（4.4）中，ef 及 $tech$ 分别表示环境要素的使用数量及技术水平，Z 表示控制变量。因被解释变量与式（4.2）相同，因此控制变量的选择基本与式（4.2）保持一致。与之不同的是，考虑到我们已经论证得知环境规制与技术水平之间存在一定的相关性，同时作为解释变量引入可能导致共线性，并对估计结果产生干扰，从而误导结论。为保证估计结果准确，我们剔除了环境规制变量。根据前文分析，我们引入技术水平的二次项以刻画技术进步与环境要素使用数量之间的非线性关系。仍有必要指出，"技术进步代替环境要素"观点的论证，基本的证据是，技术进步应当与环境要素的使用数量负相关。这里的负相关，有如下含义：随着技术水平的提高，环境要素的使用数量随之下降，二者应当是环境规制下的"被动替代"关系，而非简单的"负相关"关系。原因是，在利益最大化的假设前提下，企业决策围绕利益最大化这一根本目标展开。尤其是要素的选择和使用（这里的要素包括环境要素和技术等广义要素），更以利润最大化为基本原则。上述条件下，如果没有环境规制，则企业没有动机通过技术进步对环境要素进行替代。此时，环境要素的使用数量与技术进步正相关，二者同时提高。也就是说，在企业生产的过程中，如果环境要素和技术进步两类生产要素呈现出一定程度上的"互补关系"，那么此时的"技术进步"，是具有污染属性的，是仅有利于产出提高，而不利于污染治理的技术进步。反之，如果我们得出了二者负相关的结论，也即"环境规制强化下技术水平有所改进"这样一个实证结果，结合"环境规制不断强化使得环境要素使用成本不断提高"的基本逻辑，一定程度上可以判断，技术水平的提高与环境要素使用之间的"负相关"是"替代关系"，其背后的激励是环境规制不断强化下的利润最大化决策原则。上述分析，是模型构建的基本思路和实证研究的论证说明。

与前文的分析范式保持一致，在正式展示模型的估计结果前，我们首先通过简单的散点图和拟合线直观地观察技术水平与环境要素使用数量之间的关系，这可以为我们的分析和论证提供基本的素材和依据。通过对形象化的散点图分布和拟合线斜率的观察，可以简单直接地对我们观点的正确性给出一个基本判断，同时也可以为接下来的实证研究给出一个大致方向。图4.4展示了各地区技术进步与环境要素使用量之间的散点图及拟合线。

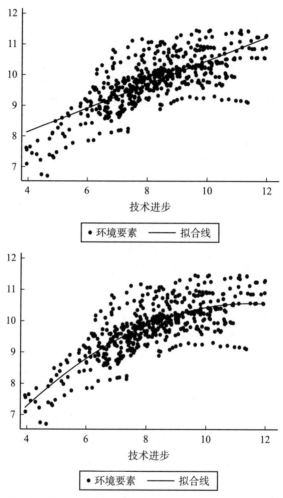

图4.4　技术进步与环境要素使用量：散点图与拟合线

图4.4（上）展示了各地区技术水平与环境要素使用量之间的散点图与拟合线，观察发现二者之间整体呈现出显著的正相关关系，散点图的分布从左下方到右上方，拟合线的斜率也显著为正，意味着污染排放与技术进步同方向变化，并没有支持我们的观点。更加细致地观察图4.4，不难

发现，整体来看，在技术水平为 8（对数化）时，与低技术水平时的变化趋势相比，随着技术水平的提高，散点的分布明显变得平缓，其趋势由右上方向向水平方向变化，出现弯折。在技术水平为 10～12（对数化）时，散点的分布明显呈现出水平形状，弯折明显。整体来看，散点图的分布呈现出非线性特征。因此，我们认为，技术进步对环境要素使用的替代可能不是简单的线性关系，而是呈现出类似抛物线的二次关系。结合散点图分布，我们以二次曲线为基础，重新绘制技术水平与环境要素使用量之间的拟合线。我们发现，拟合线呈现出显著的二次特征：随着环境规制强度的提高，斜率绝对值不断变小，拟合线形状变得平缓，最终趋于水平态势，呈现出明显的开口向下的二次曲线特征，部分地区甚至已经越过拐点。

也就是说，技术进步与环境要素使用之间的关系可能是先正相关，后负相关的。这可能与生产调整的时滞有关。从企业生产的现实看，大部分环境规制以行政手段作为主要的实施方式，具有即时性。但是，环境规制实施之后，其对企业生产决策的影响是深远的。即便企业希望通过技术进步来替代环境要素的使用，考虑到改进技术要求企业更替设备等固定资产，短期内也无法实现。也就是说，在从规制出台到企业完成技术更新的这段时间内，对环境要素的大量使用依然存在。这段生产期，如果在连续的视角下观察，技术进步与环境要素的扩张使用并存是完全可能的。另外，通过技术进步对环境要素的使用进行替代，必然对技术水平本身有一定要求。这意味着，技术水平只有提高到一定程度，才能对环境要素产生替代。也就是说，低水平技术是无法与环境要素产生替代的。上述两个因素都将导致技术水平与环境要素使用之间的倒"U"型关系。从这个角度看，散点图及拟合线传达出的信息不仅是对我们观点的支持，同时也是对我们观点的扩展和延伸。

4.4.2　估计结果与分析

通过对散点图和拟合线进行观察与分析，我们对技术进步与环境要素使用之间的关系有了一个基本的了解和把握，下面即通过模型估计的方法对前述结论进行更为客观和准确的分析。与前文的安排一致，我们同时展示系统广义矩估计（SYS - GMM）、广义最小二乘法（GLS）以及固定效应模型（FE）和随机效应模型（RE）四种估计方法的估计结果。上述几种估计方法各有优势：系统广义矩估计可以克服一定程度上的内生性，并引入被解释变量的一阶滞后项，从而控制经济变量变化的连续性；广义最小二乘法可以控制一定程度上的异方差；固定效应估计则可以在一定程度上刻画各地区样本的自身特征。上述几种估计方法同时予以展示，便于从实证估计方法的角度考察结论的稳健性。

就表 4.4 的估计结果，首先考察各模型的整体显著性。观察发现，系统广义矩估计结果中，差分后序列相关性和工具变量的有效性均满足估计结果一致性的要求。广义最小二乘法、固定效应及随机效应的估计结果中，对应统计量及其显著性同样表明估计结果可信。接下来的分析，在此基础上展开。

表 4.4　　　　　　　　环境规制的技术效应：路径方程估计结果

	SYS – GMM	GLS	FE	RE
$L. ef$	0. 055 ** (0. 025)			
$tech$	0. 494 *** (0. 166)	0. 277 *** (0. 105)	0. 214 * (0. 109)	0. 277 *** (0. 106)
$tech^2$	− 0. 013 ** (0. 005)	− 0. 010 * (0. 005)	− 0. 009 * (0. 005)	− 0. 010 * (0. 005)
fdi	− 0. 150 *** (0. 050)	− 0. 128 *** (0. 023)	− 0. 150 *** (0. 024)	− 0. 128 *** (0. 024)
$basic$	0. 268 *** (0. 048)	0. 241 *** (0. 027)	0. 173 *** (0. 032)	0. 241 *** (0. 027)
mar	− 0. 012 (0. 018)	0. 001 (0. 008)	− 0. 003 (0. 009)	0. 001 (0. 008)
str	− 3. 442 *** (0. 783)	− 3. 745 *** (0. 332)	− 3. 672 *** (0. 345)	− 3. 745 *** (0. 336)
fd	0. 067 *** (0. 021)	0. 052 *** (0. 012)	0. 028 * (0. 014)	0. 052 *** (0. 012)
$letter$	− 0. 106 *** (0. 023)	− 0. 0555 *** (0. 015)	− 0. 073 *** (0. 024)	− 0. 055 *** (0. 015)
$peop$	0. 603 *** (0. 171)	0. 7865 *** (0. 074)	0. 909 *** (0. 087)	0. 786 *** (0. 075)

	SYS – GMM	GLS	FE	RE
urban	1. 924 （1. 439）	2. 729 *** （0. 397）	3. 370 *** （0. 476）	2. 729 *** （0. 402）
常数项	1. 219 （0. 905）	1. 110 ** （0. 514）	1. 123 ** （0. 545）	1. 110 ** （0. 519）
R-squared	—	—	0. 767	0. 762
AR（1）	0. 000	—	—	—
AR（2）	0. 980	—	—	—
sargan	1			
Obs.	493	510	510	510

注：系数下方的括号内为对应的标准误；***、**、* 分别表示在 1%、5% 和 10% 的显著性水平下显著；AR（1）、AR（2）及 sargan 处为对应 P 值；固定效应及随机效应模型中，模型整体显著性水平均为 $P > F = 0.0000$。

首先观察本书关注的核心变量，即技术水平的平方项，发现在 4 个模型中，其估计结果均显著为负，同时一次项显著为正。这意味着，前文提出的观点得到了支持。随着技术水平的不断提高，在越过拐点之后，环境要素的使用量随之下降，二者之间呈现出显著的负相关关系。正如前文分析，技术水平的提高引致环境要素使用量不断减少，其背后是环境规制下，企业通过改进技术，从而对环境要素的使用进行替代。不难看出，这里的技术进步，伴随着环境要素使用量的减少，是具有绿色属性的技术进步。相关过程，正是高质量发展中绿色增长的基本路径。除此之外，关于控制变量的符号及显著性，前文已经有所阐释，这里不再赘述。

总之，本节内容通过实证工具论证了技术进步与环境要素使用量之间的负相关关系，为全书观点和理论框架提供了支持。整体来看，自本章开始至此，我们所做的全部工作内容即围绕"通过实证检验对环境规制的技术效率效应进行论证和分析"这一中心展开，并至此基本结束（后文还有简单的稳健性检验）。从实证结果来看，我们的主要观点和理论得到了支持。此时，我们简单地对前面几个小节的主要内容加以总结。首先回顾本书试图证明的论断：环境规制提高了环境要素的使用成本。在技术进步与环境要素唯一替代的条件下，利润最大化生产决策的原则下，环境要素使用成本的提高"倒逼"企业通过改进技术对环境要素进行替代。如果上述观点是正确的，那么至少满足如下三个条件或者推论：（1）环境规制与技术水平正相关。即环境规制"倒逼"企业通过改进技术水平对环境要素的使用加以替代，必然客观引致技术水平的改进。（2）环境规制与环境要素的使用量负相关。只有环境规制的存在确实提高了环境要素的使用成本，企业才有动力通过技术水平的改进实现对环境要素的替代，这是本书观点成立的条件和前提。如果该条件得以成立，那么环境规制的强化，应当带来环境要素使用数量的减少。（3）技术水平与环境要素使用量之间显著负相关。原因是，根据前文分析，环境规制的技术效应，其根源在于技术水平改进对环境要素使用的替代。在实证模型中，这表现为技术水平与环境要素使用量之间的负相关关系。原因是，该负相关关系表明二者之间是"替代"而非"互补"的关系。反过来说，如果观察到"企业通过技术研发等手段不断推动绿色生产的转型"这一现象，那么可以肯定政府规制在其中发挥的重要作用。原因同样在于，不存在环境规制的条件下，企业可能缺少相关转型的动力。只有上述（1）、（2）、（3）三个实证结论同时成立，才能相对严密地论证本书提出的理论框架和由此得出的基本观点。从实证结果来看，我们的分析是得到支持的。

4.5　稳健性检验：来自调节效应模型的佐证

4.5.1　调节效应的基本介绍与模型构建

通过前文的分析与论证，我们已经通过三个实证模型从企业生产决策入手，以环境要素的视角证明了环境规制的技术进步效应。考虑到技术进步与生产效率之间的相关性，也就证明了环境规制的技术效率效应。但是，为了进一步巩固我们的观点，我们将从一个新的角度入手，对本书的理论框架及所持观点进行分析和证明。相关工作不仅给出了一个理解本书理论框架的全新视角，同时也为通过环境规制"倒逼"企业的效率改进提供了一些实际操作层面的启发。

再次回顾本章所试图证明的观点：环境规制的强化提高了企业使用环境要素的成本。在仅技术进步与环境要素可替代的条件下，将"倒逼"企业通过改进技术水平对环境要素的使用形成替代。换言之，企业逐利的基本假设下，技术水平与环境要素之间的替代是由环境规制引致的，技术进步对环境要素的替代作用，或者说环境要素使用量与技术进步之间的相关性应该受环境规制强度的影响。一个基本的推论是，环境规制越严格，那么企业将受到更强的激励，以通过技术进步对环境要素的使用进行替代。或者说，在实际生产中，技术进步对环境要素使用的替代将更为显著和普遍。反之，如果环境规制相对宽松，那么企业将缺少动机通过获取技术进步实现对环境要素使用的替代。总言之，企业通过技术进步对环境要素进行替代，其程度受到环境规制强度的影响。

上述过程已经涉及调节效应的基本概念。所谓调节效应是指，解释变量对被解释变量的影响作用受第三个变量（调节变量）的影响，并成为其函数。也就是说，调节变量影响着解释变量与被解释变量之间的关系，包括方向及强弱（温忠麟等，2005）。在本书中，具体是指，企业通过技术改进对环境要素的替代，其强弱（程度）受到环境规制强度的影响。图4.5展示了上述调节效应的基本原理。

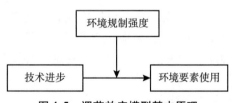

图 4.5　调节效应模型基本原理

图4.5描绘的调节效应模型可以很好地刻画我们提出的理论框架。因此，对相关模型进行估计可以为理论框架对应的观点提供支持。具体来说，调节效应以调节变量（环境规制强度）和解释变量（技术水平）的交互项形式识别，对应模型为式（4.5）。式（4.5）中，被解释变量是各地区环境要素的使用量，解释变量是各地区技术水平，调节变量是各地区环境规制强度。考虑到前文已经论证技术进步与环境要素的使用量之间存在显著的非线性关系，因此我们引入技术水平二次项与环境规制变量的交互项，这实际上是一个"非线性调节效应模型"。参考温忠麟等（2005）的研究，在估计的过程中，为避免交互项可能引致的共线性，我们对相关变量进行了中心化处理。

$$ef_{it} = \alpha_0 + \mu_1 er_{it} \times tech_{it}^2 + \eta X_{it} + \varepsilon_{it} \tag{4.5}$$

4.5.2 估计结果与分析

在正式展示模型的估计结果之前，有必要对非线性调节作用的基本原理做简单介绍。原因是，非线性调节作用的基本原理、基本内涵和基本逻辑决定了我们对模型估计结果的理解和解读。传统的线性调节效应模型中，调节效应的存在与否及大小由调节变量与解释变量交互项的估计结果决定。此时，调节效应在方向上是一维的，相对容易理解。但非线性调节效应则与之不同，以二次项为例，我们可以将二次交互项理解为，在调节效应的作用下，解释变量与被解释变量之间的关系相较于原来（即不考虑调节变量时）更加"非线性"化。或者说，因调节变量与调节效应的存在，解释变量与被解释变量之间的非线性关系被强化或弱化了。

具体到式（4.5）刻画的问题，我们已经论证，技术水平的提高与环境要素使用量之间呈现出先上升后下降的倒 U 型关系，其二次项符号显著为负。在其他条件不变的情况下，如果环境规制强度提高，那么技术水平与环境要素使用之间的倒 U 型关系应该得到增强，这在估计结果中将表现为交互项符号显著为负。也就是说，因调节变量（环境规制）的存在，产生了与原解释变量作用方向一致的，对被解释变量的影响作用。这里的"方向一致"，即体现"强化"作用。换言之，在式（4.5）的估计结果中，如果环境规制与技术进步二次项的交互项符号显著为负，便可断定调节效应与解释变量的影响一致，即环境规制强化了技术进步与环境要素使用之间先正相关，后负相关的倒 U 型关系。需要说明的是，在估计过程中，我们发现，"环境规制与技术水平二次项的交互项"与"技术水平二次项"之间有显著的共线性，因此估计过程中我们剔除了技术水平二次项，而仅保留技术水平二次项与环境规制的交互项。这不会影响我们的论证，原因是，通过对式（4.5）的估计结果与式（4.4）进行对比分析同样可以就环境规制在"技术进步替代环境要素"过程中的作用加以判断。对式（4.5）的估计结果展示在表 4.5 中。沿袭前文惯例，我们同时展示了系统广义矩（SYS‑GMM）、广义最小二乘（GLS）以及固定效应（FE）和随机效应（RE）模型的估计结果以供对比系数的符号和显著性，并判断估计结果的稳健性。

表 4.5　　　　　　　　　　　　调节效应模型估计结果

	SYS – GMM	GLS	FE	RE
$L. ef$	0.089 *** (0.012)			
$er \times tech^2$	- 0.315 *** (0.110)	- 0.051 ** (0.022)	- 0.091 *** (0.022)	- 0.051 ** (0.023)
er	39.721 *** (11.901)	8.664 *** (2.228)	14.519 *** (2.263)	8.664 *** (2.254)
$tech$	0.447 *** (0.124)	0.132 *** (0.042)	0.044 (0.050)	0.132 *** (0.042)
fdi	- 0.148 *** (0.052)	- 0.149 *** (0.023)	- 0.192 *** (0.023)	- 0.149 *** (0.023)
$basic$	0.167 ** (0.069)	0.239 *** (0.026)	0.110 *** (0.032)	0.239 *** (0.027)
mar	- 0.005 (0.013)	0.008 (0.009)	0.005 (0.009)	0.008 (0.009)
str	- 1.114 (1.425)	- 3.693 *** (0.324)	- 3.318 *** (0.328)	- 3.693 *** (0.328)
fd	0.061 *** (0.023)	0.054 *** (0.012)	0.003 (0.014)	0.054 *** (0.012)
$letter$	- 0.059 (0.045)	- 0.061 *** (0.015)	- 0.079 *** (0.023)	- 0.061 *** (0.015)
$peop$	0.114 (0.297)	0.725 *** (0.072)	0.906 *** (0.080)	0.725 *** (0.073)
$urban$	- 0.984 (2.087)	2.504 *** (0.390)	3.585 *** (0.447)	2.504 *** (0.394)
常数项	4.616 *** (1.750)	2.120 *** (0.496)	2.196 *** (0.500)	2.120 *** (0.502)
Obs.	493	510	510	510
R-squared	—	—	0.796	0.779
AR（1）	0.002	—	—	—
AR（2）	0.105	—	—	—
sargan	1			

注：系数下方的括号内为对应的标准误；*** 、** 、* 分别表示在 1%、5% 和 10% 的显著性水平下显著；AR（1）、AR（2）及 sargan 处为对应 P 值；固定效应及随机效应模型中，模型整体显著性水平均为 $P > F = 0.000$。

与前文一致，因对内生性和经济变量滞后性的控制，对表4.5即估计结果的解读，基于系统广义矩估计的结果展开。首先观察扰动项差分的序列相关性和工具变量的有效性，发现均满足估计结果有效的要求。被解释变量的一阶滞后项显著为正，说明环境要素的使用具有一定滞后性，这是经济发展方式的连贯性导致的。环境规制与技术水平平方的交互项估计结果显著为负，结合表4.4的估计结果可以推知，环境规制的调节效应对解释变量与被解释变量之间的关系具有强化作用。即，环境规制强度越大，技术水平对环境要素先下降后上升的替代越明显。总之，对式（4.5）的估计结果表明这样一个事实：环境规制的作用下，技术进步对环境要素的替代作用受到强化。这直接支持了本书论点：（1）越过门槛后，技术进步对环境要素具有替代作用；（2）环境规制对上述替代作用具有强化效果。至此，本书观点的论证逻辑更加严密了。

4.6　本　章　小　结

本章中，我们主要通过实证工具对环境规制的技术效率效应做检验。本章内容所试图论证的观点是：环境规制提高了企业使用环境要素的成本，从而"倒逼"企业转向以技术进步替代环境要素使用的生产决策。上述过程客观带来了技术进步与环境要素使用数量的减少，宏观表现为转向技术驱动的绿色增长，即增长的集约化转变。可以预计，上述过程对增长的可持续是具有积极作用的。

为了以实证工具论证上述逻辑与结论，我们的检验基于两条逻辑线索展开，分别对应文章观点的充分性与必要性。具体来说，一条检验路径基于环境规制下，技术效率的外在表现展开，即如果本书所提观点及逻辑正确，那么应当满足"环境规制促进技术进步""环境规制制约环境要素的使用""技术进步替代环境要素使用"三个基本条件。因此，我们对三个条件进行实证检验，发现实证结果支持了我们的观点。另外一条线索则通过调节效应模型实现。我们认为，上述观点的一个基本推论是，在技术进步对环境要素产生替代的过程中，该替代效应应当受到环境规制强度的影响：在更高强度的环境规制下，企业使用环境要素所面临的成本更高，因此有更为强烈的动机通过改进技术水平对环境要素的使用加以替代。上述分析逻辑对应着一个调节效应模型：环境规制强度调节和影响着技术进步对环境要素的替代作用，因此只需对上述调节效应进行检验便可对上述逻辑进行佐证。从实证结果来看，相应的"调节效应"及"替代逻辑"得到支持。总之，本章内容通过实证方法验证了环境规制的技术效率效应，及其背后的"环境要素替代"逻辑，同时得到若干有利于生态环境保护和技术进步的实证结论。

接下来，根据全书的内容安排，我们将对环境规制影响全要素生产率的另一条路径"配置效率"加以考察。当然，相关考察同样基于"环境规制提高了环境要素使用成本"这一视角，并以之作为分析的逻辑起点，这体现了全书的系统性，同时说明本书实证章节的内容是为本书观点及理论框架服务的。

第 5 章

实证检验：环境规制与配置效率

　　根据本书理论框架与内容安排，本章将继续聚焦文章观点的实证检验。具体来说，本章将考察环境规制对环境要素的配置效率效应，即环境规制对环境要素配置效率产生的影响。根据前文分析，本章实证内容试图证明的观点是：环境规制将显著促进环境要素配置效率的提高。因此，本章内容将围绕环境规制与环境要素配置效率之间的关系展开论述与分析。

　　接下来的内容安排如下。首先，我们对资源配置的基本概念做简单介绍。在此基础上，引入环境要素配置的概念与理论。上述内容是观点论证的理论基础。其次，我们对各地区环境要素的配置状况做估算，这部分内容具备如下三个作用：第一，对过去一段时间内我国环境要素的配置状况加以展示，从而对其变动趋势有一个宏观上的把握，这对全面认识过去一段时间内我国经济的增长方式及其变化是重要的。第二，在环境要素整体有限的情况下，各地区环境要素的配置状况同样是我们实现环境要素再配置的重要依据和通过改进环境要素配置效率，实现产出增长可持续的现实出发点。第三，环境要素配置指标的量化是后文计量工具得以发挥作用的前提，而该过程是我们获悉相关政策工具与政策启发的主要渠道。换言之，只有将环境要素配置指标量化，才能为计量模型和实证工具提供发挥作用的空间。然后，我们将在上述工作的基础上聚焦本书核心观点，讨论环境规制对环境要素配置效率的改进效应，并对估计结果做简单评价，从而为改进环境要素的配置效率提供启发。当然，这一工作主要通过数理模型和实证工具实现。简言之，本章的核心内容为两个部分：环境要素配置的量化、分析，以及环境规制与环境要素配置效率之间的关系判断。对环境要素配置效率的研究，基本沿袭已有研究中对其他资源配置效率的评价方法。如环境要素配置效率的量化，我们所使用的方法基本来源于已有研究中对劳动、资本等资源要素配置效率的量化方法。但我们试图通过新的研究视角发现一些新的观点结论，产生一些新的政策启发。

5.1 配置效率的基本概念

5.1.1 资源配置的基本概念与配置效率的产生逻辑

所谓资源配置，即资源的分配，是指在资源稀缺的条件下，将有限的稀缺资源分配于不同的市场主体。一般来说，在生产领域，资源配置特指将劳动力、资本等生产要素通过某种分配方式，配置于各生产主体的过程。资源配置的方式一般有两种：市场主导的资源配置方式和行政权力等非市场因素为主导的资源配置方式。前者是指在一定的条件下，通过各市场主体自发的交易和筛选，使得资源流向不同的生产主体，从而实现资源的配置；而后者一般指政府部门通过制订计划对经济系统加以调节，以行政命令的方式规定资源的交易价格、数量及获取渠道，从而将生产资源分配给各生产主体。上述两种资源配置方式下的经济，被称为"市场经济"和"计划经济"。从交易的自发性和利己动机来看，由市场自发交易实现的资源配置方式隐含着帕累托改进的性质，因此理论上来说是更为有效的，这是福利经济学的基本理论。

与资源配置的概念对应，所谓资源的配置效率，是指通过调整资源配置方式或资源配置对象得以实现的效率改进。如前所述，通过市场自发交易实现市场对资源的配置，可能伴随着效率的改进。因此，资源配置效率本身是对资源配置有效性的刻画。对资源配置有效性的考察，一个基本的原则是，就确定的资源要素而言，有效的资源配置要求各生产主体的边际生产率相同。也就是说，资源有效配置的条件之一是各生产主体拥有相同的边际生产率。如若不然，只需将低水平边际产出效率生产主体拥有的资源重置于高边际生产率的生产主体，便可以实现整体效率的改进。这是分析资源配置效率的基本逻辑，也决定了考察资源配置效率的基本方法是聚焦各地区或行业的边际生产率差异及其变化趋势，即"生产率离散度"。这是"资源配置效率"这一主题下，早期文献的基本思路和研究方法（张军，2002）。总之，要素的边际生产率差异既是考察资源配置有效性的基本维度，也是考察资源配置有效性的基本方法，这是从资源配置效率的定义出发而得到的结论。上述逻辑，不仅体现在不同的微观生产主体（即企业）间，在存在生产率差异的不同产业间，也是适用的。这类文献中，国内比较经典的是龚六堂和谢丹阳（2004）的研究。在这篇文献中，作者通过核算资本存量和劳动的边际产出效率差异，就我国省份之间的要素流动和边际生产率的差异变化进行分析，并给出解释。这篇文献中涉及的资源配置概念及提供的刻画配置效率的方法，成为研究资源配置相关问题的重要参考（王鹏、尤济红，2015；孙学涛等，2018）。

在其他生产条件不变的情况下，随着产出的不断提高，生产主体可能面临边际产出递减的状况，从而导致高边际生产率生产主体的产出水平随之下降。其最终结果是，边际生产率产生趋同，资源配置趋于有效。即便因技术进步的存在，一定程度上克服了报酬递减的不利影响，要素向高产出效率企业的流动也将对低效率企业产生淘汰作用。上述过程不断重复和发生，其结果是，所有企业边际生产率均相同，且均与最高边际生产率生产个体等同。此时，经济同样处于均衡状态。从这个角度看，因各市场主体的逐利性，市场存在自发趋向均衡的"自我调节"。该调节作用的产生，依赖于各生产主体及要素所有者所掌握信息的完备和生产要素自由流动。或者说，生产要素在各地区、行业生产主体之间流动的成本低至忽略不计，且信息完备。简言之，只有在各生产主体使用要素的交易成本很小或者为零，且市场机制健全时，经济才能自发地向均衡靠拢。上述条件的另一种说法是"各生产主体使用要素的成本是无差异的"。或者说，在各生产主体间，不存在使用要素的"相对成本"差异。这意味着，它们所面临的要素价格是相同的，不存在市场的分割与扭曲，且均由市场供需决定。

对资源配置而言，"相对成本"是一个十分重要的概念。原因是，相对成本反映了相对价格，而相对价格的存在反映了非市场因素（包括各种因素所导致的市场分割）对价格的干预，即价格的扭曲。根据价格规律和企业的决策规则，企业使用要素的数量取决于要素的边际生产率和要素价格。在边际生产率一定的情况下，要素价格是决定生产主体使用要素数量的关键因素。要素价格决定了企业的生产成本，进而决定了企业的利润和市场竞争力。因此，要素价格越高，企业生产面临的成本越高，选择使用的要素数量越少。反之，产品价格不变的情况下，要素价格越低，企业生产面临的成本越低，企业选择使用的要素数量越多。简言之，企业对要素数量的选择由其所面临的要素价格决定。在经济体内要素总量给定的情况下，各生产主体选择使用的要素数量正是要素配置的表现形式。也就是说，如果企业面临的要素价格体系发生变化，那么企业使用的要素数量将随之改变。宏观视角下，表现为要素在不同企业间的流动，这正是资源再配置的表现。简言之，企业面临的要素价格体系决定了要素的配置结果及配置效率，并最终决定了生产方式和集约化水平。

这里的价格，即影响要素配置和宏观增长方式的价格体系，是一个相对价格而非绝对价格的概念。原因是，如果各生产主体面临的要素相对价格不发生变化，而仅绝对价格发生变化，那么实际上不会影响资源的配置结果。这一点，将在后文的数理模型中得到证明。一个更为直观的例子是，如果全部企业面临的要素价格均提高一个相同的比例而相对价格保持不变，要素总量给定的情况下，最终的均衡配置是不变的。也就是说，相对成本的变化决定资源的配置，不同企业面对成本的差异决定了资源配置的差异。如果不同生产主体面临的相对价格差异过大（市场的分割通常会造成这种结果），这种差异化价格必然导致企业使用差异化的要素数量。如果高效率企业面临的要素价格高于低效率企业，根据价格规律，相较于均衡状态，高效率企业使用的要素资源将偏少，而低效率企业使用的要素资源将偏多。毋庸置疑，上述过程将导致资源配置偏离均衡并造成效率损失。这种情况下，低效率企业使用的要素无法流向高效率企业，从而为低效率企业提供了生存空间，使其避免被市场淘汰。此时，市场在资源配置中的作用被大大削弱，导致要素资源在高、低效率企业间的配置偏离均衡。这种非效率的要素配置，常被冠以"错配"的名称。

通过上述分析不难发现，要素市场发育不完善、要素的流动和有效配置受阻导致资源配置偏离均衡，是错配产生的原因。错配的主要表现，是各生产主体获取要素面临成本的差异，以及由此导致的，在位企业之间的产出效率差异和非效率企业对生产要素的占有使用。因此，错配的存在也就意味着纠正错配得以实现的产出增加。近 20 年来，从各生产主体使用要素成本相对差异所引致的"错配"视角对资源的配置效率进行考察，已经迅速成为增长方式分析和全要素生产率分析领域内的研究热点。在这方面，谢和克莱诺（Hsieh & Klenow，2009）的研究最具代表性。通过构建资源错配和由此引致的效率损失测算框架并加以核算，他们发现，如果改进资源配置，中国的生产率尚有 30%～50% 的提高空间。随后，青木（Aoki，2012）放松了参数法中特定形式生产函数的条件，基于存在部门扭曲的均衡模型考察了资源配置引致的跨国 TFP 差异。在国内，陈永伟和胡伟民（2011）对 syrquin 分析框架进行了扩展，测度了中国制造业的资源错配及其产出效应。曹玉书、楼东玮（2012）在传统的增长框架内引入错配指数，考察了资源错配与结构变迁之间的关系。周黎安等（2013）从政治周期的视角为理解中国的资源错配成因提供了依据。随后的研究中，资源错配的测算和分析大多数保持了与它们相似的方法与逻辑（韩剑、郑秋玲，2014；王文等，2014；季书涵等，2016）。

总结来看，已有研究中，针对资源配置效率的量化与测算，大概有如下两种思路和逻辑线索。一是，以各地区或各企业的边际生产率差异刻画。这种生产率差异，实际上是统计学意义上的"离散度"。边际生产率差异越大，生产率离散度越高，意味着要素市场分割越严重，资源流动面临的阻力越大，资源配置效率越低，反之则高；比较典型的是前文提及的龚六堂、谢丹阳（2004）的文献。二是，以各地区要素使用成本差异即要素相对价格刻画。与均衡状态比较，因价格的相对扭曲导致的要素使用数量（比例）差异越大，那么要素的配置效率越低，反之则高。这一类文献，比较经典的是陈永伟、胡伟民（2011）、青木（2012）的研究。从机理分析的角度看，两种思路是逻辑一致的。原因在于，生产率的离散，其原因在于要素价格的相对差异，后者是前者的深层原因。

已有研究还有另一个共识：作为全要素生产率的重要组成部分，相对于技术效率而言，配置效率的改进可能更为重要，因而更加值得关注（郭庆旺、贾俊雪，2005；张军、金煜，2005；干春晖等，2011）。原因在于，科学技术作为第一生产力，技术效率的提高是生产率改进的重要源泉，这一点毋庸置疑。但客观来说，新技术的研发面临相当的风险和不确定，且高精尖技术研发所需要的投资高昂，投资与研发周期漫长。即便研发成功，技术的应用也可能面临重重约束。换言之，通过技术效率的改进实现产出效率的提高，在现实中难度相对较大，而获取要素配置效率所需的相关市场发育、制度变革成本相对较低。从这个角度看，在增长集约化转变的过程中，配置效率的获取是相对划算和容易的（陈永伟、胡伟民，2011）。上述分析已经在改革以来聚焦中国增长结构变迁的文献中得到肯定。尤其是在"市场化改革带来效率改进"这一主题下的众多文献中，一个基本结论是，对于低起点起步的发展中国家，尤其是农业在产出结构中占一定比重的国家，在工业化的过程中和改革的最初阶段，纯粹的技术进步对经济增长的贡献可能要逊于市场化改革所带来的产业结构变迁贡献（龚六堂、谢丹阳，2004；刘伟、张辉，2008）。这一点，在斯奎因（Syrquin，1986）创造性地从资源配置视角分析结构变动的 TFP 效应中得到初步肯定。时至今日，"向改革要红利"已成为学界与决策者的共识。

　　一个简单的逻辑图可以展示因市场分割、价格扭曲导致资源配置效率损失的机制（见图 5.1）。从图示中看，如果希望改善资源的配置效率，最主要的途径应该是消除市场分割，建立统一开放的完整市场，完善要素市场机制。在此基础上，促进要素流动，打破市场分割，为市场发挥优胜劣汰作用创造条件，以实现配置效率改进的目的。

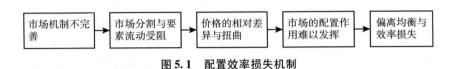

图 5.1　配置效率损失机制

5.1.2　环境要素配置效率

　　具体到环境要素，从现实来看，节能减排已经成为经济结构优化调整的重要方向与高质量发展的内在要求，不可回避。国务院于 2017 年印发《"十三五"节能减排综合工作方案》，要求到 2020 年，能源消费总量控制在 50 亿吨标准煤以内。因能源消费、污染排放与经济发展之间密切的逻辑联系，趋紧的排放总量约束或使得中国面临节能减排与经济发展的双重压力。因此，环境要素配置效率的改进对提高环境要素的整体使用效率意义重大，对增长集约化转变及增长可持续具有重要作用。如果希望在短期内实现产出效率的提高，或者环境要素的整体使用效率有明显改进，环境要素配置效率的改善必不可少。考虑到环境要素的现实意义，环境要素使用效率的提高本质上是增长动力结构的更替和调整，从而一定程度上削弱经济增长对环境要素的依赖，因此成为解决环境保护与经济增长这一"两难命题"的关键环节。从这个角度看，通过变革不合理的制度设计，纠正环境要素的市场扭曲与错配，以释放相关要素的产出潜力，是实现效率改进、绿色转型和增长可持续的核心途径（中国经济增长前沿课题组等，2014）。

　　那么，如何以市场化的手段重置环境资源，改进配置效率，成为促进增长方式转变面临的重要问题。接下来，本书将从环境规制的视角对该问题加以探索。事实上，将上述关于资源配置效率的分析由普通生产要素转移至环境要素，是本书的一个理论创新。另外，前文已经说明，作为必需生产要素，环境要素对生产必不可少，表现为外部生态环境对生产排污的吸纳和净化作用。这种情况下，排放权一定程度上与生产权等同。现实生产中，企业对排放权的追逐，就是一个佐证环境要素对生产重要性的例子。

具体来说，使用环境要素的效率改进，与传统的生产要素基本一致，包括通过提高企业管理水平和生产技术获取的技术效率改进，以及通过将低产出效率企业使用的环境要素重置于高产出效率企业带来的配置效率改进。通过上述两种途径，实现环境要素总量约束下，整体产出效率的提高。这种考虑环境要素的产出效率，常被称为"环境全要素生产率"，或者"绿色全要素生产率"（匡远凤、彭代彦，2012）。但如前所述，针对"环境全要素生产率"的研究，大多数仅关注其整体的测算与变动分析。对于整体效率中更为细化的配置效率，仍未引起学者的足够关注。

5.2 环境要素的配置效率：测算、方法与结果

本章即对环境要素配置效率的测算方法加以介绍。如前所述，针对要素配置效率的测算，方法大致有两种，可分别简称为"生产率差异法"和"相对成本差异法"。后者相对成熟和完善，且其方法逻辑能够契合要素错配中"相对成本差异"的概念，因此成为主流的要素配置效率考察方法（戴小勇，2018；李雪冬等，2018）。如前所述，"成本差异法"测算得到的配置效率，实际上是一个负向指标，即"错配"程度。原因在于，成本价格相对于均衡状态的偏离，其直接结果就是资源"错配"，因此可以以之刻画错配程度。错配越严重，说明该地区或产业使用要素的成本及数量偏离均衡越远，配置效率越低。与前文保持一致，我们以各地区二氧化碳排放量作为环境要素使用的刻画。

5.2.1 方法介绍与环境要素使用状况概览

正式的方法介绍之前，有必要对测算方法的基本前提及假设做阐述。这些合理的假设条件对保证测算方法的正确性和结论的成立十分重要。首先，我们关注的是环境要素的配置效率，因此假定产品市场不存在扭曲且产品同质。其次，企业被视为要素市场上的价格接受者。也就是说，环境要素的使用成本是外生的，企业对此没有讨价还价的余地。同时，整个经

济中，每一期的环境要素总量是给定的。上述条件下，市场上的"均衡"实际上是价格扭曲状态下的均衡，可以理解为附加"扭曲税"的均衡。也就是说，本书假设经济在各期都达到扭曲下的竞争均衡，这是已有研究中的常见方法。在上述条件成立的前提下，参考陈永伟、胡伟民（2011）及青木（2012），假设地区 i 的代表性企业生产函数为：

$$Y_i = A_i K_i^{\beta_K} C_i^{\beta_C} L_i^{\beta_L} \tag{5.1}$$

其中，A 为全要素生产率，即广义技术；K、L、C 分别为生产过程中投入的物质资本、劳动与环境要素。假定该模型刻画的生产过程同时满足规模报酬不变的假设（$\beta_k + \beta_L + \beta_c = 1$）。环境要素即排放的错配以从价税 τ 的形式存在，企业目标是利润最大化，如式（5.2）。这里，环境要素的价格可以理解为企业为使用环境要素所付出的成本，该成本由环境规制强度决定，如排污费或排污交易市场上的排污权价格。

$$\max_{K_i, L_i, C_i} \{ p_i Y_i - (1 + \tau_{K_i}) p_K K_i - (1 + \tau_{L_i}) p_L L_i - (1 + \tau_{C_i}) p_C C \} \tag{5.2}$$

根据边际法则，最优解的一阶条件如下（仅展示环境要素的相关结果，下同）：

$$C_i = \frac{p_i Y_i \beta_C}{(1 + \tau_C) p_C} = \frac{p_i \beta_C A_i K_i^{\beta_K} L_i^{\beta_L} C_i^{\beta_C}}{(1 + \tau_C) p_C} \tag{5.3}$$

给定约束：

$$\sum_{i=1}^{N} C_i = C \tag{5.4}$$

式（5.4）意味着，整个经济中，环境要素的总量是有限给定的。此时，代表性企业的最优解改写为：

$$C_i = \left[\frac{\dfrac{p_i Y_i \beta_{C_i}}{(1 + \tau_{C_i}) p_C}}{\sum_j \dfrac{p_j Y_j \beta_{C_j}}{(1 + \tau_{C_j}) p_C}} \right] C \tag{5.5}$$

定义"要素价格绝对扭曲系数"，以刻画要素价格绝对扭曲带来的成本变化：

$$\gamma_{C_i} = \frac{1}{1 + \tau_{C_i}} \tag{5.6}$$

其中，γ_{C_i} 表示要素价格绝对扭曲系数，刻画资源不存在相对扭曲时的成本加成状况。同时定义要素价格相对扭曲系数，表示经济中资源的相对扭曲：

$$\hat{\gamma}_{C_i} = \frac{\gamma_{C_i}}{\sum_{J=1}^{N} \left(\frac{s_i \beta_{C_j}}{\beta_C} \right) \gamma_{C_i}} \tag{5.7}$$

整理可得：

$$\hat{\gamma}_{C_i} = \frac{\left(\frac{C_i}{C} \right)}{\left(\frac{s_i \beta_{C_i}}{\beta_C} \right)} \tag{5.8}$$

式（5.8）的经济学含义如下。C_i 表示地区 i 的二氧化碳排放量，也即地区 i 使用的环境要素量；C 表示经济体使用的环境要素总量，C_i/C 表示地区 i 使用的环境要素比重；$s_i = \frac{p_i y_i}{Y}$，表示地区 i 的产出比重，$\beta_C = \sum_i^N s_i \beta_{C_i}$ 表示产出加权的环境要素贡献值；$\frac{s_i \beta_{C_i}}{\beta_{C_i}}$ 是环境要素有效配置时地区 i 使用环境要素的理论比例，其与环境要素实际使用比例 C_i/C 之间的比值差异是对地区 i 环境要素错配的刻画，即 $\frac{\left(\frac{C_i}{C} \right)}{\left(\frac{s_i \beta_{C_i}}{\beta_C} \right)} = \hat{\gamma}_{C_i}$。具体来说，如果 $\hat{\gamma}_{C_i} < 1$，说明该地区实际环境要素配置不足，此时，根据式（5.6），有 $\frac{1}{(1 + \tau_{C_i})} < 1$，即 $\tau_{C_i} > 0$；反之，$\tau_{C_i} < 0$，意味着该地区环境要素配置过度。$\tau_{K_i} = 0$ 时，意味着不存在环境要素的错配。

从式（5.1）~式（5.6）及相关分析不难看出，这里的要素错配，实际上是要素价格相对扭曲的结果。上述模型刻画了如下逻辑：要素价格的相对扭曲导致生产主体面临着不同的要素价格体系，最终导致它们选用不同的要素数量，表现为不同的资源配置状态。而该实际配置状态与均衡状态之间的资源配置差异，即为该要素的错配。在不存在要素价格相对扭曲的情况下，要素价格的绝对扭曲通常不会影响资源配置的最终结果。原因是，企业的最优要素使用数量决定式（5.5）中，用要素价格乘以对应的扭曲系数，发现该扭曲系数实际上被消去，意味着实际的资源配置结果不会改变。因此，我们以要素价格相对扭曲系数代替要素价格绝对扭曲系数，得到：

$$\hat{\gamma}_{C_i} = \frac{\left(\dfrac{C_i}{C}\right)}{\left(\dfrac{s_i \beta_{c_i}}{\beta_C}\right)} = \frac{1}{1 + \tau_{C_i}} \qquad (5.9)$$

整理得到：

$$\tau_{C_i} = \frac{1}{\hat{\gamma}_{C_i}} - 1 \qquad (5.10)$$

此时，我们可以将前面叙述的关于错配公式蕴含的思想串联起来，构建一个更为系统和完整的，刻画地区环境要素错配的理论框架，也就是式（5.10）蕴含的思想：如果相对于全国整体水平而言，因价格扭曲，地区 i 面临的环境要素价格更高（排放污染面临的成本更高），那么根据价格规律，相对于均衡状态，其使用的环境要素数量将偏少（排放污染的数量会偏低），也就是配置于该地区的环境要素数量偏少，地区 i 存在低于均衡状态的环境要素错配；反之则反。总之，要素价格相对扭曲的程度决定了要素配置偏离均衡状态的程度，也即错配的程度。如果将环境规制强度理解为环境要素的使用价格，也就是环境污染面临的成本，那么式（5.1）～式（5.10）还内涵如下结论：地区 i 的环境规制强度将直接决定地区 i 的环境要素错配状况，即配置效率。这就是环境规制改善环境要素配置效率的内在机理，其本质是价格规律对企业生产的调节作用。

另外，关于式（5.1）～式（5.10），仍有必要做如下说明。如前文所言，与普通的生产要素相比，环境要素的可替代性相对特殊，而式（5.1）的模型设定实际上放松了这一条件，因此严格来说并不十分准确。但在环境规制的要素配置效应中，我们并不关注环境要素与其他要素之间的替代关系。从逻辑分析的角度看，这不会影响文章结论。原因在于，无论环境要素与其他要素之间的可替代性如何，作为一种强制性的附加成本，强环境规制都将使得部分无法承受规制成本的企业退出市场，从而带来要素的再配置。也就是说，只要环境规制强度足够，其配置效率总是存在的，这不仅与要素的可替代性无关，而且与要素本身的特征也没有明确的关联。因为，低效率企业退出市场后，其使用的全部生产要素，包括劳动、资本、环境要素都将重新进入市场流通。因此，这种配置效率的存在也就与生产函数的具体形式关系不大。简言之，式（5.1）尽管不十分准确，但从机理分析，以及后文的测算与实证结果来看，文章结论是站得住脚的。另外，区域视角下要素错配的估算需要要素弹性数据，而弹性数据只能通过估计生产函数获得。因此，囿于实证工具的匮乏，本书实际上通过放松生产函数的条件，选择了一种退而求其次的方法来测算环境要素的错配，这也是已有研究中测算资源错配的通常做法；尽管这些研究中的大部分并没有意识到环境要素与技术、劳动、资本等其他要素之间差异化的替代关系。从下文展示的测算结果看，我们的数据和研究方法能够比较客观地反映各地区环境要素的配置状况。

在上述说明的基础上，进一步，从式（5.9）、式（5.10）来看，如果希望得到各地区环境要素错配的量化，前提条件是对各地区环境要素弹性进行相对准确的估计。沿用前述假定，假设企业生产函数具有可加性，且服从规模报酬不变，如式（5.11）。

$$Y_i = A_i K_i^{\beta_K} C_i^{\beta_C} L_i^{1 - \beta_K - \beta_C} \tag{5.11}$$

式（5.11）等号两端取对数：

$$\ln Y_i = \ln A_i + \beta_{K_i} \ln K_i + \beta_{C_i} \ln C_i + (1 - \beta_{K_i} - \beta_{C_i}) \ln L_i \tag{5.12}$$

对式（5.12）建立计量经济学模型即可对环境要素（CO_2 排放）的产出弹性进行估计，并进一步处理得到其错配指数。考虑到各地区所处发展阶段及技术水平差异较大的现实，各地区要素弹性可能不同。为捕捉这一差异化特征，这里使用变系数面板模型中的最小二乘虚拟变量法（LS-DV）对式（5.12）进行估计，从而得到不同截面个体的差异化估计系数，作为测算环境要素错配指标的基础。需要指出，在估计的过程中，我们还控制了个体效应、时间效应及个体效应与要素变量之间的交互作用，并使用省份聚类稳健标准误以消除可能存在的异方差对测算结果的影响。

数据选择方面，以中国 30 个省份为观察样本（不含港澳台及西藏地区），以 2000～2016 年为观察期。以各地区 GDP 为产出指标（Y_{it}），并平减至 2000 年不变价；以有效劳动刻画劳动投入指标（L_{it}），以各地区固定资本存量作为资本投入指标（K_{it}）；以各地区二氧化碳排放量作为环境要素投入指标（C_{it}）。其中，因没有直接的有效劳动、资本存量及二氧化碳排放数据来源，本书自行核算。

对有效劳动指标使用就业人员总数与对应劳动力平均受教育年限的乘积刻画：

$$L_{it} = Q_{it} \times edu_{it} \tag{5.13}$$

其中，Q 为就业人员总量。

对资本存量指标使用永续盘存法进行估算：

$$K_t = I_t + K_{t-1}(1 - \delta_t) \tag{5.14}$$

式（5.14）中，K_t 为第 t 期资本存量，I_t 为当年实际固定资本形成额，由名义资本形成额经投资价格指数平减得到，K_{t-1} 为上期资本存量，δ_t 为折旧率，参考单豪杰（2008）提供的折旧率（10.96%）估算得到样本期内各地区资本存量，并最终折算成 2000 年不变价。

二氧化碳的核算以各地区能源消费量为依据，根据 IPCC 给出的参数和方法核算得到，核算公式如下：

$$C_{it} = \sum_{l=1}^{7} E_{itl} \times NCV_l \times CEF_l \times COF_l \times (44/12) \qquad (5.15)$$

式（5.15），实际上就是第 4 章的式（4.3），前文已有介绍，这里不再赘述。上述数据均来源于各统计年鉴及 "中国经济与社会发展统计数据库"，部分缺失值以插值法推算。主要变量描述性统计如表 5.1 所示。

表 5.1　　　　　　　　　　　　**主要变量描述性统计**

变量	样本量	均值	标准差	最小值	最大值	单位
Y	510	9272.716	9259.038	263.68	56754.09	亿元
K	510	26143.03	24086.87	1569.7	142000	亿元
L	510	26031.74	17739.76	2168.90	76076.78	万人 * 年
C	510	24671.42	19412.74	818.424	94897.22	万吨

报告正式的估算结果前，有必要对过去一段时间内环境要素的使用数量及其变动做简单了解。这样，有利于我们从整体视角把握各地区环境要素在经济发展中的角色，以及各地区增长方式的状况。而各地区使用环境要素的数量变化，也一定程度上反映了环境要素的配置调整。图 5.2 展示了样本期内我国东、中、西部地区及全国的环境要素使用量。其中，东部包括北京、天津、河北、辽宁、上海、江苏、浙江、福建、山东、广东、海南；中部包括山西、黑龙江、安徽、江西、河南、吉林、湖北、湖南；西部包括四川、重庆、贵州、云南、陕西、广西、甘肃、青海、宁夏、新疆、内蒙古。

我们关心环境要素的绝对使用数量，原因在于，特定地区的生态环境具有绝对意义上的负载上限，也就是所谓的生态承载阈值，这意味着社会经济活动使用的环境要素（污染排放）数量必须限定在特定范围之内，该范围的上限是绝对的。观察图 5.2，不难发现，整体来看，全国及各地区环境要素使用数量呈现出两方面的变化态势。一是，环境要素的使用数量整体仍是增加的，意味着在有限的环境要素总量条件下，环境压力不断凸

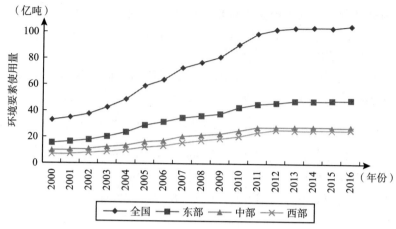

图 5.2　各地区环境要素使用量即二氧化碳排放量

显。从数据看，全国整体，环境要素的使用数量由 2000 年的 33.03 亿吨上升至 2016 年的 104.86 亿吨，整体上升幅度达 217%。类似的变化趋势在各地区同样存在：东部地区由 2000 年的 15.56 亿吨上升至 2016 年的 48.55 亿吨，上升幅度达 212%；中部地区由 2000 年的 9.97 亿吨上升为 2016 年的 28.31 亿吨，上升幅度为 183%；西部地区由 2000 年的 6.93 亿吨上升至 2016 年的 25.89 亿吨，上升幅度达 273%。相比较而言，西部地区上升幅度最大，中、东部地区次之，且中、东部地区上升幅度比较接近。这体现出各地区所处发展阶段和经济增长方式的差异，以及由此决定的产业结构差异：西部地区环境要素使用数量超过东、中部，一方面是因为，从城镇化进程来看，西部地区相对落后，正处于城镇化快速推进的阶段，因此对钢铁、水泥、能源等建筑材料需求更大，相关重工业产品的生产有着显著的高污染及高能耗特征，产生的污染也相对更多，对环境要素的使用数量有更高要求。而东、中部地区，其城镇化水平高于西部，因此整体来看，样本期内，城镇化的整体推进速度（单位时间内的城镇化增长量）也较西部更慢，从增长率视角看，对生态环境造成的影响也就更小。除此之外，经济结构也是影响环境要素使用数量的重要原因。以高能耗、高排放为主要特征的重工业是排污大户，其在地区产业中的占比是导致经济发展对生态环境产生影响的重要原因。相较于东中部地区，重工业在西部地区占比更高，因此对生态环境的影响更为突出。这意味着，从西部地区入手进行污染治理，以提高整体的环境要素使用效率将收到更为显著的效果。图 5.2 还表明，从绝对值角度看，东部地区环境要素使用量高于中西部地区，这可能与人口密度有关。东部地区相对发达，能够提供相对高收入的职位，吸引中西部地区劳动力涌入。人口总量与密度的增加带来能源等相关消费，使得东部地区的环境要素使用数量超过中西部地区。总言之，从上述统计数据看，全国及各地区均面临着十分严峻的减排压力，绿色增长转型任重道远。

尽管环境要素的使用数量整体呈上升趋势，但另一方面，就增长率而言，全国及各地区则表现出十分明显的，与绝对量不同的阶段性特征，如图 5.3 所示。

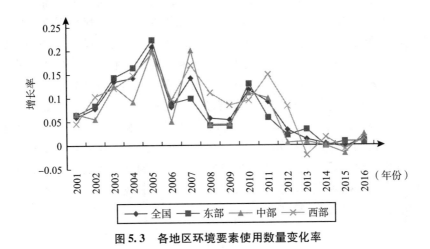

图 5.3　各地区环境要素使用数量变化率

观察图 5.3 发现，各地区使用环境要素的增长率呈现出明显的阶段性特征。具体而言，从环境要素使用数量的变化趋势看，以变化速度为标准，可以分为几个阶段。相关阶段的变化，反映出相应时间段内我国工业经济发展的路径及环境治理的政策导向。第一个阶段，即 2001 ~ 2005 年，在城镇化推进及其拉动的钢铁、水泥等相关产业的发展下，环境要素使用的增长率几乎以线性速度递增。第二个阶段，即 2006 ~ 2008 年，国务院印发环境保护十一五规划，以行政命令的手段将各地区环境保护工作纳入政府规划，这一系列涉及环境保护的工作有力地阻止了环境要素使用的高速增长。第三个阶段，即 2008 ~ 2010 年，国际金融危机波及我国相关产业，为消弭其对经济发展的不利影响，各级政府一定程度上放松了对污染产业的管制，从而使得环境要素使用的增长率出现短暂回弹。随后，随着环境管制的逐渐强化和增长转型，环境要素使用量的增长率不断下降，其至在2014年左右出现轻微的负增长。环境要素使用量变化率的波动反映出地方政府在环境治理方面的力度及产业结构与增长方式的变化。从经济现实来看，就污染治理而言，前者扮演的角色可能更为重要。也就是说，上述变化与中央和各级地方政府对环境保护工作的重视密不可分，是环境规制的结果。上述变化态势同时反映出过去一段时间内增长方式的变化。具体来说，经济持续增长得以实现的情况下，我国的经济增长集约化水平正不断提高。上述观点可以从简单的环境要素强度指标（环境要素使用量/GDP，该指标刻画了实现单位产出所支付的生态环境成本）的变化得到支持，见图5.4。从图5.4看，样本期内，该强度指标几乎全部是下降的，尤其在2007年之后，几乎以固定速度下降，仅在2008年有短暂回弹。如前所述，这可能与金融危机有关。图5.4意味着过去一段时间内，全国及各地区使用环境要素的效率处于不断改善的过程中。事实上，相较于环境要素使用的绝对数量，其使用效率同样是我们关注的重点。严格来说，如果希望在环境容量约束下实现经济产出不断提高，唯一的路径是提高有限环境要素的使用效率。结合图5.2、图5.3及过去一段时间内各地区经济增长的现实可以得知，过去一段时间内，经济产出及环境要素使用均呈现出增长态势，但经济产出的增加快于环境要素使用的扩张，意味着环境要素的使用效率不断提高，经济产出效率不断改善，增长方式正由污染粗放型向绿色集约型转变。

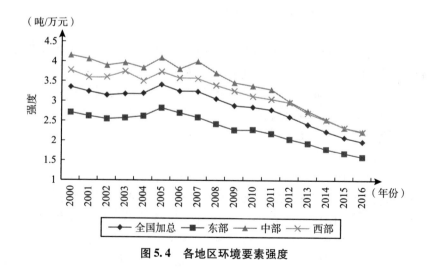

图5.4 各地区环境要素强度

5.2.2　各地区环境要素错配暨配置状况分析

在上述工作的基础上，我们得到样本期内各地区环境要素错配指标数据，展示在表 5.2 中。因篇幅所限，这里仅展示了各地区样本期内偶数年份的环境要素错配。

表 5.2　　　　　　　　　　各地区环境要素错配

省份	2000 年	2002 年	2004 年	2006 年	2008 年	2010 年	2012 年	2014 年	2016 年
北京	2.924	2.957	3.411	4.096	4.959	5.425	6.644	7.061	7.618
天津	0.810	0.909	1.136	1.303	1.531	1.708	1.867	1.999	2.270
河北	−0.113	−0.178	−0.203	−0.198	−0.168	−0.239	−0.216	−0.295	−0.311
山西	−0.230	−0.399	−0.332	−0.260	−0.306	−0.264	−0.247	−0.289	−0.245
内蒙古	−0.192	−0.211	−0.278	−0.195	−0.307	−0.252	−0.317	−0.238	−0.234
辽宁	−0.399	−0.341	−0.290	−0.274	−0.223	−0.247	−0.131	−0.222	−0.179
吉林	−1.081	−1.083	−1.085	−1.076	−1.087	−1.093	−1.097	−1.099	−1.110
黑龙江	−0.893	−0.871	−0.856	−0.742	−0.861	−0.851	−0.856	−0.860	−0.865
上海	3.186	3.464	3.884	4.581	5.142	5.184	5.924	5.671	5.770
江苏	1.856	1.995	1.742	1.559	1.770	1.760	1.895	1.672	1.559
浙江	2.192	2.115	1.974	1.814	1.910	2.066	2.171	2.236	2.295
安徽	−1.454	−1.447	−1.482	−1.553	−1.518	−1.535	−1.565	−1.512	−1.498
福建	−0.791	−0.808	−0.840	−0.848	−0.851	−0.843	−0.841	−0.837	−0.815
江西	−1.983	−1.952	−1.849	−1.910	−1.920	−1.986	−2.069	−1.847	−1.797
山东	0.976	0.609	0.331	0.151	0.167	0.238	0.258	0.410	0.340
河南	−0.223	−0.152	−0.197	−0.302	−0.305	−0.302	−0.216	−0.173	−0.140
湖北	−0.815	−0.809	−0.813	−0.805	−0.788	−0.808	−0.797	−0.740	−0.738
湖南	−1.324	−1.310	−1.290	−1.204	−1.224	−1.242	−1.258	−1.288	−1.256
广东	0.542	0.563	0.550	0.603	0.706	0.730	0.751	0.823	0.765
广西	−0.497	−0.411	−0.567	−0.567	−0.537	−0.576	−0.575	−0.569	−0.561
海南	0.380	0.038	0.031	0.083	−0.038	0.077	−0.048	−0.088	−0.031
重庆	−0.771	−0.741	−0.660	−0.672	−0.713	−0.648	−0.652	−0.584	−0.580

续表

省份	2000 年	2002 年	2004 年	2006 年	2008 年	2010 年	2012 年	2014 年	2016 年
四川	− 0.804	− 0.814	− 0.840	− 0.788	− 0.814	− 0.812	− 0.793	− 0.786	− 0.758
贵州	− 1.224	− 1.235	− 1.204	− 1.192	− 1.232	− 1.240	− 1.241	− 1.271	− 1.248
云南	− 1.574	− 1.456	− 1.691	− 1.329	− 1.346	− 1.353	− 1.397	− 1.467	− 1.522
陕西	− 0.420	− 0.480	− 0.503	− 0.486	− 0.544	− 0.553	− 0.567	− 0.543	− 0.520
甘肃	− 1.380	− 1.393	− 1.373	− 1.403	− 1.398	− 1.373	− 1.376	− 1.377	− 1.411
青海	− 0.308	− 0.358	− 0.323	− 0.317	− 0.344	− 0.209	− 0.303	− 0.311	− 0.427
宁夏	− 0.895	− 0.929	− 0.902	− 0.913	− 0.918	− 0.922	− 0.937	− 0.936	− 0.936
新疆	− 1.392	− 1.439	− 1.384	− 1.382	− 1.377	− 1.346	− 1.271	− 1.216	− 1.190

注：错配指数为负，意味着相对于均衡状态，环境要素配置过度。反之，错配指数为正，则意味着环境要素配置不足。

首先观察错配的区域特征及变化趋势。从表 5.2 展示的测算结果看，各地区环境要素的错配状况不尽相同，并表现出十分明显的区域特征。我们将表 5.2 中的数据以折线图的形式重新绘制，以便直观地展现各地区环境要素的错配状况，见图 5.5。图 5.5 表明，全国及中、西部地区环境要素错配曲线不断向横轴靠近，呈现出轻微改善的变化趋势，但幅度较小。而东部地区环境要素的错配均值则不断偏离横轴，表现出错配加剧的态势。

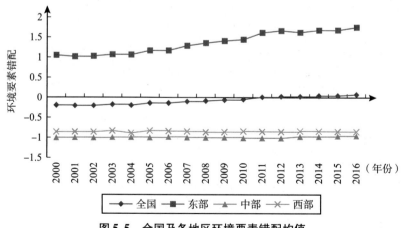

图 5.5　全国及各地区环境要素错配均值

其次观察错配的分布。除变化趋势外，错配值的正负号体现了错配的方向，即配置不足还是配置过度。如前所述，从表 5.2 及图 5.5 来看，东部地区环境要素错配值为正，说明东部地区环境要素以配置不足为主。与之相反，中西部地区的环境要素错配值为负，意味着中西部地区的环境要素使用是过度的。其现实含义是：实际的经济生产中，东部地区使用环境要素的成本较全国整体而言更高，而中、西部地区使用环境要素的成本较全国整体而言更低。这与各地区不同的环境规制强度、增长方式及产业结构有关。在东部沿海地区，环境规制强度往往高于中西部地区，故在东部地区使用环境要素的成本更高，违规排污面临的处罚更为严厉。这里，有必要对其背后的主要原因做简单解释。一般来说，环境规制的主体是地方政府，而规制的主要对象是污染企业。但是，从地方政府在社会治理中发挥的主要职能来看，其不仅关注生态环境质量，还更多地肩负着地区经济发展的职责。而污染企业不仅存在污染效应，还承担了贡献地方财政税收及保障就业等民生问题。从这个角度看，在短期内，生产及治污技术改进不大的情况下，环境规制强度实际上是政府对经济发展和生态环境质量二者取舍的结果。而这一取舍结果，实际上是在各种激励下实现的。以最主要的"晋升激励"为例，正是主政官员晋升考核指标中经济指标的存在，导致地方政府不惜以生态环境为代价实现地方经济发展。而考核指标中经济指标的占比则决定了地方政府会付出"多少"生态环境代价来换取经济增长。基于上述逻辑，各地区环境要素错配的差异便不难理解。一方面，东部地区经济发展水平较高，在经济绩效方面已经占据优势，因此不需要通过牺牲生态环境换取。而中西部地区则相反，这导致各地区政府在面临环境污染时的差异化态度和规制决策，最终导致不同的环境治理效果和经济发展方式。另一方面，在更高发展水平的东部地区，满足基本的物质生活条件后，公众更多地追求高质量的生态环境；而发展水平相对偏低的中西部地区，群众对通过透支生态环境实现经济增长和收入增加的容忍度更高。这种对环境污染容忍度的差异无疑将对地方政府形成差异化激励，从而影响地方政府对企业排污的态度，并决定其环境规制强度。简言之，图5.5 传达出的信息是，因各种激励与现实约束的差异，东部地区环境规制强于中、西部地区；在东部排污所面临的成本要高于中、西部地区。或者说，中、西部地区使用环境要素的成本是相对偏低的。

错配值的符号刻画了错配的方向。但无论是正的错配值还是负的错配值，均意味着要素配置相对于均衡状态的偏离。如果以改进环境要素的配置效率为目标，那么更应关注的是各地区环境要素错配的绝对值，见图 5.6。从图 5.6 来看，中、西部地区环境要素错配的绝对值整体变化不明显，且有轻微改善和下降。从 2000～2016 年，中、西部地区错配绝对值分别从 1.000 下降为 0.950、从 0.859 下降为 0.853，分别下降了 5% 和 0.6%。东部地区则由 2000 年的 1.287 上升至 2016 年的 1.995；增长幅度为 55%，超过 50%。而由于东部地区环境要素错配的加剧，带来了全国整体环境要素错配的加剧。根据测算所得结果，全国整体环境要素错配由 2000 年的 1.054 上升至 2016 年的 1.299，上升幅度达 23.2%。

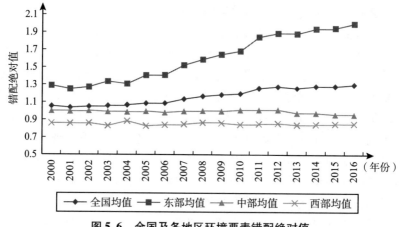

图 5.6　全国及各地区环境要素错配绝对值

　　尽管我们发现，东部地区环境要素的错配不断加剧，并引致全国整体环境要素的错配，但是，针对这一现象，应当正确和全面看待，这里做两点强调。第一点是，尽管东部地区环境要素错配更为严重，且处于加剧的态势（2011 年后变化幅度较小），但从错配测算的基本逻辑看，其反映出的是相对于全国整体及均衡状态，东部地区使用环境要素的成本状况。结合东部地区错配值为正可以发现，相应地区是配置不足的。也就是说，其环境规制更为严格，而中西部地区环境规制相对宽松。考虑到生态环境压力不断凸显的现实，以及希望通过环境规制的强化"倒逼"各区域环境要素配置效率改善的目的，本书认为，纠正错配并不应从错配严重的东部地区入手，而应该从环境管制相对宽松的中西部地区入手。通过强化中西部地区的环境规制，提高相应地区企业排污面临的成本，从而消除各地区使用环境要素的成本差异。随着环境要素使用成本差异的消除，原本依赖低成本环境要素获利的企业，其生存空间将被进一步压缩，以至逐渐退出市场，带来环境要素的再配置和效率改进。此时，错配得以纠正，经济也将更靠近均衡。第二点是，从变量构造的方法来看，这里的环境要素错配，实际上是以各地区排放的成本差异来刻画的。也就是说，不同产出效率区域，其生产面临的环境成本差异较大。提高低规制水平地区的环境规制强度，将带来各地区环境要素成本差异和生产率离散的消除，从而为市场竞争提供更为公平的环境，为市场发挥优胜劣汰作用创造条件。

5.3　环境规制的环境要素
错配效应：实证检验

5.3.1　核心模型构建与估计结果分析

沿袭前文的分析思路，正式估计实证模型之前，我们首先通过散点图和拟合线对环境规制与环境要素错配之间的变化关系进行简单的描绘，这样有利于我们从宏观视角对待考察命题的正确性有一个大致的把握和整体的认识。图 5.7 展示了环境规制与环境要素错配的散点图及相应的线性拟合线。

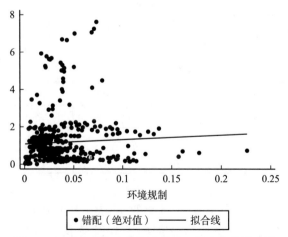

图 5.7　环境规制与环境要素错配：散点图及拟合线

从图 5.7 来看，仅观察散点图，发现散点图整体分布比较混乱，似乎没有传递出环境规制强度与环境要素错配之间的明确关系。直观来看，拟合线斜率为正，意味着我们的观点可能没有得到数据的支持。但考虑到散点图与拟合线只是相对粗糙的观察方法，且散点图表现出的关系趋势并不明显，最终结论的判断还需要基于模型估计的结果展开，因此我们构建模型如下：

$$\tau_{it} = \alpha_0 + \alpha_1 er_{it} + \beta X_{it} + \varepsilon_{it} \qquad (5.16)$$

式（5.16）中，τ 为环境要素错配，以绝对值形式进入模型以消除其方向性；er 为环境规制；X 为对应的其它控制变量向量；β 为控制变量向量对应的估计系数向量；ε 为随机扰动项。在变量选取方面，错配变量由前述方法自行测算得到。核心解释变量为环境规制变量 er，与前文保持一致，以各地区环境污染治理投资额占全国污染治理投资额的比重（%）表示。控制变量方面，参考已有文献，我们认为，影响环境要素配置的诸多因素中，除最为主要的正式环境规制变量外，考虑到制度变量是影响资源配置效率最为重要的因素，因此选取如下控制变量：（1）非正式环境规制变量，以污染相关的群众来信数刻画（letter）；（2）交通基础设施建设变量（basic）；（3）市场化水平（mar）；（4）财政分权变量（fd）。样本选择及相关变量的数据来源在前文已有阐述，不再重复；相关变量的描述性统计展示在表 5.3 中。

表 5.3　　　　　　　　　　　　　主要变量的描述性统计

变量	样本量	均值	标准差	最小值	最大值
τ	510	1.163	1.193	0.010	7.617
er	510	0.033	0.028	0.000	0.225
letter	510	9.328	1.432	3.912	12.555
basic	510	7.326	1.014	2.564	9.373
mar	510	7.931	2.950	0.950	18.099
fd	510	4.785	2.959	1.078	14.876

从表 5.3 来看，环境要素错配变量均值为 1.163，但标准差达到 1.193；说明各地区环境要素错配的差异及变化比较明显。最小值为 0.010，最大值达到 7.617，同样支持了上述结论。其余控制变量也有类似

的特征。表 5.4 展示了模型（5.16）的估计结果。

表 5.4　　　　　　　　　　环境规制的环境要素错配效应

变量	SYS – GMM	GLS	FE	RE
$L.\tau$	– 0.007 (0.035)			
er	– 5.683 *** (0.775)	4.941 *** (1.595)	– 1.036 (1.681)	4.941 *** (1.604)
letter	0.279 *** (0.026)	0.125 *** (0.032)	0.210 *** (0.042)	0.125 *** (0.032)
basic	– 0.044 * (0.023)	– 0.460 *** (0.046)	– 0.119 * (0.070)	– 0.460 *** (0.046)
mar	0.135 *** (0.006)	0.100 *** (0.016)	0.135 *** (0.017)	0.100 *** (0.016)
fd	0.230 *** (0.009)	0.188 *** (0.015)	0.282 *** (0.019)	0.188 *** (0.015)
常数项	– 3.165 *** (0.152)	1.501 *** (0.353)	– 2.309 *** (0.569)	1.501 *** (0.355)
Obs.	493	510	510	510
R-squared	—	—	0.513	0.474
AR（1）	0.000	—	—	—
AR（2）	0.007	—	—	—
sargan	1	—	—	—

注：系数下方的括号内为对应的标准误；***、**、* 分别表示在 1%、5% 和 10% 的显著性水平下显著；AR（1）、AR（2）及 sargan 处为对应 P 值；固定效应及随机效应模型中，模型整体显著性水平均为 $P > F = 0.0000$。

　　从实际估计结果来看，各模型差异较大。从可信度相对较高的系统广义矩估计结果来看，在控制了一定程度内生性和滞后效应的条件下，环境规制变量显著为负，且显著性达到 1% 水平。但这不意味着该估计结果完全支持了我们的观点，原因是，系统广义矩估计结果的准确性对误差项的各阶差分相关性提出了要求。从 AR（1）及 AR（2）的统计结果来看，随机误差项的二阶差分相关性在 10% 的显著性水平下并不满足要求。尽管尚不能以此断定我们的观点错误，但已经表明广义矩估计的结论是不可信的。另外，在广义最小二乘估计量和随机效应模型中，环境规制变量的符号与预期完全相反，且在1%的水平下显著。而在固定效应模型中，环境规制变量符号为负，一定程度上支持了我们的观点，但该估计结果并不显著。总体来看，表5.4展示的估计结果十分不稳健。

根据前文经验，我们认为，之所以出现表5.4这样的估计结果，其原因可能是，环境规制与环境要素错配之间是非线性关系。根据机理分析，环境规制要达到一定强度才能对污染企业形成足够的压力，迫使其退出市场。而在临界点之前，强化环境规制可能引致另一个问题：部分企业为了实现盈利以弥补规制成本，更多地生产与排污，从而导致环境要素错配的加剧。这意味着，环境规制对环境要素错配的纠正效应可能是非线性的。也就是说，环境规制强度与环境要素错配之间可能是倒U型关系，只有越过拐点，才能通过环境规制纠正环境要素的错配。为了检验和论证上述观点，我们首先对环境规制与环境要素错配之间的散点图及二次形式的拟合线进行观察，见图5.8。从图5.8来看，环境规制强度与环境要素错配之间的倒U型关系比较明显，基本支持了相关判断。

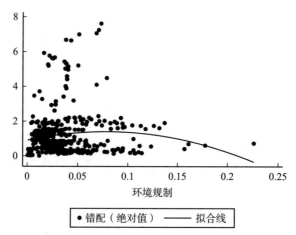

图5.8 环境规制与环境要素错配：散点图与拟合线（非线性关系）

因此，基于上述分析，我们在模型（5.16）的基础上引入环境规制的二次项，从而形成模型（5.17）。

$$\tau_{it} = \alpha_0 + \alpha_1 er_{it} + \alpha_2 er_{it}^2 + \beta X_{it} + \varepsilon_{it} \tag{5.17}$$

对模型（5.17）的估计结果展示在表5.5中。从表5.5来看，我们的预期猜想得到支持：环境规制的二次项全部为负，且绝大部分显著。但考虑到系统广义矩的估计结果准确性对误差项不同阶数差分之间有相关性的要求，而表5.5中的对应统计量没有达到上述要求，故系统广义矩的估计结果可能不准确。因此这里认为，系统广义矩不显著的估计结果，其原因在于模型本身与计量结果的可信度不足，还是两个变量之间的相关关系不够稳健，是难以区分和确定的。因此为了保证分析的正确与可靠，我们不基于表5.5中系统广义矩的估计结果进行分析，而是基于广义最小二乘的估计结果加以分析。事实上，无论是广义最小二乘法，还是固定效应或者随机效应，其系数的符号和显著性是基本一致的。因此，有理由相信，系统广义矩估计结果中符号的不显著可能是因为相关数据的结构并不适用系统广义矩估计。而事实上，环境规制与环境要素错配之间的二次关系是显著和稳健的。这也就是说，在环境规制强度越过拐点后，将对环境要素错配产生纠正效应，从而带来环境要素配置效率的改善。

表 5.5　　　　　　　　环境规制的环境要素错配效应（非线性关系）

变量	SYS – GMM	GLS	FE	RE
$L.\tau$	− 0. 005 （0. 026）			
er	− 5. 018 （3. 495）	15. 852 *** （3. 690）	4. 969 （3. 913）	15. 852 *** （3. 716）
er^2	− 3. 219 （25. 561）	− 79. 114 *** （24. 185）	− 41. 279 * （24. 304）	− 79. 114 *** （24. 353）
$letter$	0. 267 *** （0. 034）	0. 102 *** （0. 033）	0. 189 *** （0. 044）	0. 102 *** （0. 033）
$lnbasic$	− 0. 032 （0. 072）	− 0. 480 *** （0. 046）	− 0. 141 ** （0. 071）	− 0. 480 *** （0. 046）
mar	0. 131 *** （0. 010）	0. 101 *** （0. 016）	0. 135 *** （0. 017）	0. 101 *** （0. 016）
fd	0. 230 *** （0. 011）	0. 187 *** （0. 015）	0. 278 *** （0. 019）	0. 187 *** （0. 015）
常数项	− 3. 099 *** （0. 275）	1. 652 *** （0. 353）	− 2. 060 *** （0. 586）	1. 652 *** （0. 355）

续表

变量	SYS – GMM	GLS	FE	RE
Obs.	493	510	510	510
R-squared	—	—	0.516	0.4741
AR（1）	0.000	—	—	—
AR（2）	0.006	—	—	—
sargan	1	—	—	—

注：系数下方的括号内为对应的标准误；***、**、*分别表示在1%、5%和10%的显著性水平下显著；AR（1）、AR（2）及sargan处为对应P值；固定效应及随机效应模型中，模型整体显著性水平均为$P > F = 0.0000$。

　　观察广义最小二乘估计结果发现，环境规制变量的一次项显著为正，二次项显著为负，意味着环境规制与环境要素错配之间是开口向下的抛物线关系。其政策含义在于，如果希望通过强化环境规制达到改善环境要素配置效率的目的，其强度需要越过拐点。考虑到东西部地区之间的环境规制强度差异，东部地区的环境规制强度本就高于中西部，因此这里的结论更多刻画了强环境规制下，西部地区企业的市场退出带来的整体生产率离散度降低和配置效率提高。

　　除核心解释变量外，为得到更多改善环境要素配置效率的政策启发，我们同样关注控制变量的估计结果。首先，污染信访来信数刻画的非正式环境规制符号显著为正，本书认为，其原因与正式环境规制类似，即非正式环境规制与环境要素错配之间为倒U型关系，只有规制强度超过特定水平，才能带来环境要素配置效率的提高。以公路里程刻画的交通基础设施建设符号显著为负，意味着交通基础设施变量显著改善了环境要素的配置效率，原因在于，交通基础设施的建设降低了要素流动的成本，从而降低了企业进入和退出市场必须支付的交通成本，同时加剧了相关产业的竞争。上述过程伴随着使用环境要素生产主体的更替，即低效率企业不断退出市场，因此带来了环境要素错配的纠正。

　　另外，我们发现，市场化水平反而加剧了环境要素错配，原因可能在于，普通要素的市场化与环境要素市场化是两个完全不同的概念。在同一地区，二者的变化并不同步。普通要素市场化水平高的地区，其环境要素的市场化水平未必高，因此导致市场化水平与环境要素错配正相关。其政策含义是，如果希望实现环境要素配置效率的改进，必须构建专门的环境要素市场，并完善其机制，以实现相关配置效率的改善。上述结果的产生还可能与各地区环境规制的相对差异有关。如前所述，我国的环境规制呈现出东部地区严格、中西部地区相对宽松的分布格局，因此东部地区使用环境要素的成本高于均衡状态。而我国的市场化水平同样呈现出了东部地区高于中西部地区的现象。上述事实的综合是，市场化与错配呈现出同时在东部地区相对偏高的现象，因此二者正相关。从变量的选取和构建来看，市场化指数是若干指标综合核算得出的"绝对量"，而资源错配旨在刻画生产主体之间相对成本的差异，是一个相对量。这决定了市场化水平更多地倚重于区域自身的制度建设，而资源错配则取决于相对于其他地区或全国整体，某区域使用要素成本的高低，即前文所提及的"相对成本差异"，也就是式（5.8）的经济学含义。从经济现实来看，一个基本的判断是，市场化水平越高，要素流动性越强，市场竞争越激烈，企业进入、退出市场就越频繁，要素就越显得稀缺，其价格便相对更加昂贵。相较于其他地区，该要素价格的相对差异也就越大，表现为相对价格差异更大，"错配"程度更高。在市场化水平较高的东部地区，相对全国而言，环境要素的价格更高，因此其错配更为严重。但必须指出，其错配方向是配置不足的，或者说是更"绿色化"的。

正确认识这一结论十分重要：从前面对错配的描述性分析中不难发现，尽管东部地区错配相对严重，但其错配方向实际上以配置不足为主。也就是说，相对于全国而言，东部地区环境要素的使用成本更高。因此，在绿色转型和实现高质量增长的基本目标下，需要考虑的问题是通过强化中西部地区的环境规制，从而提高中西部地区乃至全国整体的排污成本，使得东部地区使用环境要素的成本向全国平均水平靠拢，消除东西部地区面临的环境要素成本相对差异，从而推进全国各地区环境要素市场的统一，纠正环境要素错配，提高和改善配置效率。换言之，就市场化水平估计系数为负这一事实，其政策含义为，应进一步强化中西部地区的环境规制，从而推高相应地区使用环境要素的成本，而不是降低市场化水平。简言之，环境要素的使用数量可以偏少（这种配置不足的错配甚至是一件好事），但绝不可过度，这本身就是绿色转型和集约化增长的题中应有之意。

我们还发现，财政分权变量显著加剧了环境要素错配。前文已经提到，地方政府在生态环境质量与地方经济发展之间的取舍是导致环境治理效率低下和环境污染加剧的主要原因，因此从地方政府行为及其背后的激励视角观察和理解环境要素的使用尤为重要。财政分权与环境要素错配显著正相关的估计结果，印证了上述逻辑。在官员考核和晋升的评价体系中，经济增长占据更为重要的地位，其后果是，地方政府官员将努力动用相关资源实现地区经济增长，包括发展高污染高能耗的产业拉动产出。如若如此，那么地方政府拥有的财政权力越大，环境要素的使用成本越扭曲，环境要素配置效率的损失将越严重。也就是说，政府官员的评价体系设计是影响财政分权与环境要素错配之间关系的重要因素。

5.3.2 环境规制与环境要素错配：分权视角下的路径分析

通过对模型（5.16）、模型（5.17）的估计结果，即表5.4、表5.5的内容分析，可以得到基本结论：环境规制具有显著的环境要素错配效应。进一步，我们希望对环境要素错配的主要原因及环境规制在其中扮演的角色做探讨。相关内容的意义在于，可以为我们获悉环境规制纠正环境要素错配的内在机理提供更为丰富的信息。前文已经提及，过去一段时间内，高增长和高排放并存的现实之所以发生，其中一个重要原因是政治集权、财政分权的治理架构，以及经济绩效为主的考核标准对地方官员发展经济产生的强大激励。该激励框架下，地方官员将一定程度上忽视环境质量及环境保护相关工作。更有甚者，以生态环境质量为代价发展高污染工业产业，以换取晋升资格。从环境要素的视角看，上述过程可以理解为通过环境要素的投入扩张来驱动和实现经济增长。因此，上述"分权制度"是地方政府低向扭曲环境要素价格的重要激励和导致环境要素错配的重要原因。接下来，我们将通过简单的实证工具对相关假说进行检验。该检验同样为研究环境规制对环境要素错配的纠正效应提供启发。检验的实现并不困难，只需在模型（5.17）的基础上引入分权变量与环境规制变量的交互项并观察其估计结果的系数和显著性即可。与前文一致，这里的交互项及其估计结果刻画的是在财政分权引致环境要素错配的过程中，环境规制变量产生的作用，即所谓的"调节效应"。表5.6展示了对应的估计结果。

表5.6   环境规制与环境要素错配：分权视角下的
路径分析（非线性模型）

	GMM	GLS	FE	RE
$L.\tau$	0.011 (0.027)			

续表

	GMM	GLS	FE	RE
$fd \times er^2$	9.998 * (5.881)	9.593 * (5.173)	11.748 ** (5.028)	9.593 * (5.219)
er^2	-104.325 (73.854)	-79.314 *** (24.815)	-63.891 *** (24.073)	-79.314 *** (25.037)
er	4.608 (7.830)	8.228 ** (3.195)	1.121 (3.357)	8.228 ** (3.224)
fd	0.145 *** (0.014)	0.055 *** (0.016)	0.126 *** (0.019)	0.055 *** (0.016)
mar	0.097 *** (0.011)	0.049 *** (0.014)	0.085 *** (0.014)	0.049 *** (0.014)
str	6.559 *** (0.943)	7.810 *** (0.579)	7.968 *** (0.604)	7.810 *** (0.584)
$letter$	0.164 *** (0.044)	0.116 *** (0.027)	0.121 *** (0.037)	0.116 *** (0.028)
$lnbasic$	0.003 (0.023)	-0.313 *** (0.040)	0.004 (0.060)	-0.313 *** (0.041)
常数项	-4.555 *** (0.280)	-1.651 *** (0.391)	-4.520 *** (0.519)	-1.651 *** (0.394)
Obs.	493	510	510	510
R-squared	—	—	0.668	0.640
AR（1）	0.000	—	—	—
AR（2）	0.004	—	—	—
sargan	1	—	—	—

注：系数下方的括号内为对应的标准误；***、**、*分别表示在 1%、5% 和 10% 的显著性水平下显著；AR（1）、AR（2）及 sargan 处为对应 P 值；固定效应及随机效应模型中，模型整体显著性水平均为 $P > F = 0.000$。

从表 5.6 展示的结果看，全部模型中，分权变量与环境规制二次项交互项的系数均显著为正，且大部分环境规制二次项的系数显著为负。这说明，分权变量产生了与环境规制变量相反方向的"调节效应"，即分权削弱了环境规制对环境要素错配的纠正效应；前文分析得到了支持。

　　另外，从图 5.8 来看，尽管环境规制与环境要素错配之间的拟合线呈现出开口向下的抛物线形状，但大部分样本点都集中在拐点左侧。这可能意味着，在考虑分权变量调节效应的情况下，线性关系可能更为明显。因此，我们试探性地放弃环境规制的二次项，而仅在式（5.16）的基础上直接引入分权变量与环境规制变量的交互项，并对模型再次估计，估计结果见表 5.7。

表 5.7　　　环境规制与环境要素错配：分权视角下的路径分析（线性模型）

变量	SYS – GMM	GLS	FE	RE
$L.\tau$	0.001 （0.015）			
er	– 15.722 *** （1.711）	– 7.924 *** （2.404）	– 11.560 *** （2.397）	– 7.924 *** （2.423）
mar	0.097 *** （0.007）	0.046 *** （0.013）	0.083 *** （0.014）	0.046 *** （0.013）
str	5.269 *** （0.295）	7.050 *** （0.595）	7.143 *** （0.620）	7.050 *** （0.600）
fd	0.093 *** （0.016）	0.006 （0.018）	0.085 *** （0.020）	0.006 （0.018）
letter	0.179 *** （0.024）	0.122 *** （0.026）	0.129 *** （0.034）	0.122 *** （0.026）
lnbasic	0.009 （0.021）	– 0.303 *** （0.039）	0.010 （0.057）	– 0.303 *** （0.039）
fd * er	3.073 *** （0.412）	2.543 *** （0.508）	2.440 *** （0.490）	2.543 *** （0.513）
常数项	– 3.887 *** （0.273）	– 1.155 *** （0.404）	– 4.090 *** （0.514）	– 1.155 *** （0.407）
Obs.	493	510	510	510
R-squared	—	—	0.678	0.648
AR（1）	0.000	—	—	—
AR（2）	0.003	—	—	—
sargan	1	—	—	—

　　注：系数下方的括号内为对应的标准误；***、**、*分别表示在 1%、5% 和 10% 的显著性水平下显著；AR（1）、AR（2）及 sargan 处为对应 P 值；固定效应及随机效应模型中，模型整体显著性水平均为 $P > F = 0.000$。

表 5.7 的估计结果传递出一些重要信息。首先，我们将表 5.4 与表 5.7 做比较发现，表 5.4 与表 5.7 的差异在于引入了分权变量与环境规制变量的交互项。与表 5.4 不稳健的估计结果不同，表 5.7 中的环境规制变量估计结果呈现出显著且一致稳健的负号，意味环境规制的确对环境要素的错配存在显著的纠正效应。表 5.7 中，环境规制与分权变量的交互项全部显著为正。在环境规制变量显著为负、财政分权变量显著为正的前提下，根据调节效应的相关概念不难发现：财政分权不仅直接引致了环境要素错配，而且通过调节效应抑制环境规制对环境要素错配的纠正作用，从而加剧环境要素错配。这意味着，晋升激励框架内，财政分权制度的确是环境要素错配产生和加剧的重要原因。此时，我们甚至有理由猜测，表 5.4 中，实证估计没有得到环境规制与环境要素错配之间稳健关系的主要原因在于没有考虑环境规制与分权之间的交互调节作用，即遗漏变量问题，而非之前没有考虑的非线性关系（这里并不否认二次项的正确性和重要性，下文有详细说明）。从而表明：其一，表 5.7 的估计结果是优于表 5.4 的；其二，本书观点得到证明，即环境规制存在显著的环境要素配置效应。

另外，尽管表 5.7 对应的模型中没有引入刻画非线性关系的二次项，但这并没有从内在机理上否定环境规制与环境要素错配之间的非线性关联。原因在于，在肯定环境规制与环境要素错配之间非线性关系的条件下，以倒 U 型关系为例，因样本期选择的不同，估计结果有可能出现较大差异。例如，如果样本期处于倒 U 型拐点的左侧，那么很容易出现"正线性相关显著，而二次项不显著"的结果。如果样本期处于倒 U 型拐点的右侧，那么容易出现"负线性相关显著，二次项不显著"的结果。如果样本期包括了倒 U 型拐点在内，那么更容易出现二次项显著的估计结果。也就是说，二次项估计结果的显著性与非线性关系之间并非一一对应，也不等同。因此，在一次或是二次关系的选择和处理方面，不仅要关注变量之间作用关系的内在机理，同时要兼顾数据结构本身的特点和模型的稳健性。

5.4　本章小结

本章内容聚焦环境规制对环境要素配置效率的改进作用。因配置效率是整体产出效率的组成部分，因此对配置效率的改进也将促进整体产出效率的提高。也就意味着，配置效率的变动是影响整体产出效率变动的途径之一，这是本章理论框架的主要逻辑。

环境规制改善环境要素的配置效率，其基本原理是，高强度的环境规制直接提高了企业使用环境要素的成本，这将形成门槛效应，使得部分无法承担环境要素使用成本的企业退出市场，行业及区域整体得到"去粗存精"的"筛选"作用。微观视角下，其结果是，环境要素最终由高效率企业使用，从而实现其优化配置。同时，上述过程将引致部分地区之间的环境规制强度差异缩小，从而逐渐消除各地区生产率离散和地区间使用环境要素的成本差异。即，消除相对成本扭曲与市场分割，客观上推进全国环境要素市场一体化建设。对依赖低成本环境要素生存的低效率企业而言，成本差异的消除将压缩其生存空间，并提供更为公平的市场竞争环境。当然，相对成本扭曲的消除还意味着经济整体更靠近均衡状态。

从内在机理看，环境要素的配置效率改进与劳动、资本等要素并无明显差异。面对环境要素使用成本普遍偏低的现状，通过环境规制的强化提高环境要素的使用成本，凸显其价格属性，并形成使用门槛，从而为构建实际意义上的"环境要素市场"创造条件，有助于实现环境要素配置效率的改进。从市场的角度来看，上述分析暗含了环境要素市场构建和"市场化改革"这样一个内在逻辑。也就是说，环境规制的强化实际上催生了环境要素的市场，并一定程度上推动了环境要素的市场化，使得环境要素的使用由行政干预下的行政配置不断转向由市场配置，并最终使得环境要素的使用成本不断接近均衡价格，从而改善其配置效率。

基于所得数据，我们对各地区环境要素的使用状况作简单考察。得到的一个基本结论是，环境要素的整体使用量呈现出明显的阶段性特征。在样本期的前中期，环境要素的使用以较高的增长率增加，环境压力凸显。但在样本期的后期，尽管存在环境压力，但环境要素使用量的增长率已经不断下降，环境要素的使用增加逐渐放缓。在经济持续增长的条件下，这意味着环境要素的使用效率在不断改善。同时，文章指出，上述结论是政府发展路径选择和环境政策实施的结果，肯定了各级政府在环境治理和经济社会发展中的能动作用。对环境要素错配的测算结果表明，东部地区环境要素以配置不足为主，而中西部地区的环境要素以配置过度为主，这反映了各地区增长方式及环境规制强度的差异。随后，我们使用实证工具对环境规制的环境要素配置效应进行检验。我们发现，实证模型的估计结果基本支持了文中的观点。

　　我们还进一步讨论了分权制度在环境规制纠正环境要素错配过程中的作用。我们发现，整体而言，分权不利于环境要素的配置效率改善。在分权不断强化的条件下，"以经济发展为主要指标的官员晋升考核机制"与"通过环境治理实现增长方式集约化转变"之间存在一定的短期矛盾。理性人假设下，经济增长为导向的官员晋升机制激励官员将地区经济扩张置于首要位置，而将环境治理置于次要位置。从实现经济扩张的主要途径来看，以粗放式增长为主要特征的重工业产业更易实现。这意味着，粗放式经济扩张与环境治理在很大一定程度上是不相容的，其背后的根本原因是"以经济扩张为主要标准的官员晋升激励"与"环境治理不利于短期内实现经济扩张"之间的矛盾。因此，中国的环境污染问题，与过去一段时间内经济绩效考核为主的官员晋升激励制度密切相关。换言之，从制度设计的维度追根溯源来考察环境治理问题，可能是更为重要和有效的。这也就意味着，中国的环境治理问题，根本上来说是一个政治经济学问题。环境政策与官员晋升制度安排之间的兼容性，是环境治理得以生效的重要条件。

第 6 章

主要结论、政策启示与研究展望

生态环境保护与经济长期增长之间的关系备受瞩目，污染防治作为"三大攻坚战"之一列入十九大报告。"绿水青山就是金山银山"的理念是习近平生态文明思想的核心内容，阐明了生态环境保护和经济发展之间的辩证统一关系。践行"绿水青山就是金山银山"的绿色发展理念，关键是要找到绿水青山和金山银山之间的内在关联，从而找准绿水青山和金山银山之间的转化路径，将生态优势转化为经济发展优势。上述过程的关键渠道和重要目标之一是通过严格的环境规制实现增长的集约化转变，以提高增长的可持续性。基于前文的理论框架与实证检验结果，本章旨在通过简短的篇幅就全文的基本逻辑和基本结论加以归纳梳理，并给出本书的政策启示，以及对本书观点应用的讨论。在内容的最后，还就相关问题进一步展望。

6.1 核心研究结论

本小节将就本书中涉及的主要结论及其说明加以回顾并总结归纳，以便以较短的篇幅展示文章的主要内容。相关内容的重要性不仅体现在对本书归纳、总结的形式上，更为下文中的"政策启示"提供了基本依据。而后者是本书主要理论与现实的价值所在。相关结论的罗列是按照本书逻辑的主要框架进行安排的，同时兼顾了本书内容的前后顺序。这样安排的用意在于，在浏览本书主要结论的同时，实现了对本书主要逻辑的再次梳理，从而进一步对本书内容的系统性、逻辑性和层次性形成强调。

6.1.1　环境要素的价格扭曲是污染加剧的主要原因

从普遍意义上讲，除为人类提供木材、能源和矿产等基本生产资料外，生态环境同时对人类社会经济活动产生的各种污染物提供了吸纳、稀释和净化的服务，这种生态服务一定程度上消弭了工业污染对整个社会带来的负外部性，实际上在生产过程中发挥了类似劳动、资本等生产要素的作用，可将其理解为一种"环境要素"。污染的排放，即是对这种环境要素的使用。同时，该环境要素是一种必需生产要素。这体现为，如果生态服务缺失，在有限的技术条件下，人类社会将不得不完全承担污染加剧带来的发展成本，使经济社会的持续发展面临挑战。同时，对具体区域而言，因环境容量的有限性，人类社会能够使用的环境要素总量是有限的，这决定了环境要素的稀缺性。也就是说，对人类社会的生产而言，环境要素具有必需性和稀缺性。同时，从实践中可以归纳出，生态环境要素具备与技术进步高替代性，与劳动资本低替代性的属性特征。

作为具备稀缺性的必需生产要素，较长一段时间内，并不存在完善的环境要素市场。其配置使用，也不规范。因市场机制及相关监管的缺失，环境要素的实际价值难以通过价格体现，这导致一系列严重后果，其中最为主要的是环境要素的滥用。市场的缺失与不完善导致环境要素成为不需支付成本或支付成本极低就可使用的商品，低于均衡值的实际价格对企业通过发展污染产业牟取利益形成了变相激励，导致环境要素的使用量超出均衡配置下的状况，甚至超出环境容量的阈值。同时，各级政府秉持"经济增长为中心"的治理导向，并设置"晋升锦标赛"实现对主政官员的个人激励，进一步纵容了通过发展污染产业拉动经济增长的行为。

总结来看，正是由于环境要素的特征属性、环境要素的市场缺失，以及"经济分权"制度安排与"GDP 导向"的发展思路，共同导致了过去一段时间内高污染、高增速的粗放式增长模式，给增长的可持续带来挑战，这是"环境要素"视角下对中国过去一段时间内发展状况进行观察而得到的基本结论。

6.1.2　环境规制下，基于利润最大化的企业决策因应变化是环境规制产生技术进步效应的微观基础

延续前文分析，基于环境要素视角，容易推导出，强化的环境规制

下，企业生产决策的因应变化。作为必需的生产要素，环境规制的强化推高了使用环境要素的成本，意味着使用环境要素必须支付更高价格，从而催生其市场。此时，追求利润最大化的企业将根据这一外部环境变化调整其生产决策。长期视角下，一个基本的调整思路是，企业将通过其他生产要素对环境要素实现替代，从而减少高价格的环境要素使用数量，以降低总生产成本。而环境要素仅与技术进步可替代的属性决定企业只能通过技术改进实现在环境要素使用数量不变（或者减少）的情况下，产出不随之降低。上述过程的一个客观结果是，企业的技术水平上升。而且，可以断言，环境规制下企业被动的技术改进，以清洁技术为主，具备绿色属性。原因在于，如果技术的改进伴随环境要素使用数量的上升，那么在强环境规制条件下，其付出的成本相较于之前将更大，企业得不偿失（当然这里没有考虑垄断等特殊市场状况下的情形）。从结果来看，这里的分析实际上支持了波特假说，同时为理解波特假说提供了一个视野更为宏大的解释框架和理论体系。

总结来看，相关内容的基本结论是，因环境要素的特殊属性，强环境规制下，企业将通过技术改进实现对环境要素使用的替代，客观上起到了技术进步和技术效率改善的效果，从而对增长的可持续产生促进作用。但考虑到这种效应实际上来自企业生产资料配置的调整，是一种长期视角下的结论，因此环境规制与技术进步之间可能不体现为直接的线性关系，而是先抑制再促进的 U 型关系。

6.1.3 环境规制对产业的"筛选"作用是其产生环境要素配置效应的内在机理

正如前文阐述的那样，之所以产生污染问题并使得增长的可持续面临挑战，从根本上说，其原因在于环境要素市场的扭曲与不完备，以及由此导致的环境要素价格过低。过低的要素价格不仅激励企业向着过度使用环境要素的污染产业方向发展，同时为低效率企业的生产生存创造空间，导致经济的整体效率偏低，这实际上是环境要素的错配问题。

因此，环境规制强化所引致的经济效应至少包括两个方面。一方面是，企业通过技术改进加以替代，这一点前文已经有所阐述，这里重点关注另一方面，即，强环境规制下，环境要素使用成本提高，使得部分原本依赖低价格环境要素生存的低效率企业难以承受高环境要素成本，从而退出市场。于是，相应要素向高效率企业集中，客观造就了要素由低效率企业流向高效率企业的动力，使得区域整体效率得以改进。从相对成本差异的角度看，环境规制使得各地区企业使用环境要素成本的相对差异缩小，一定程度上消除了"相对价格扭曲"。这将为市场竞争提供更为公平的环境，有利于低效率企业退出市场和高效率企业不断扩张，并引致各生产主体生产率离散度的降低与生产率趋同。上述过程的最终结果是，被规制行业或区域得到"筛选"，整体效率得以提升，从而对增长的可持续形成支持。当然，上述结论的一个合理前提是，高效率企业拥有更强的成本承受力。

综合来看，本书的核心结论还可引申归纳如下。（1）增长方式转变与效率改进，其微观基础是企业的生产决策变化（包括退出市场），而后者实际上基于利润最大化发生，并取决于成本与收益的相对差异。（2）基于（1），如果希望实现宏观视角下的增长方式转变或者效率改进，通过改变影响企业生产决策的因素是一个重要渠道。

6.2　政　策　启　示

这里的政策启示，基于前文的核心研究结论展开。但本书仅从研究结论及结论论证的逻辑出发，给出因果关系式的政策启示。更为细化的可操作建议，本小节不拟涉及。这是由本书的选题、主要内容及政策启示的主题所决定的。上述未及之处，一定程度上构成了后文研究展望中的部分内容。本书的主要政策启示如下。

6.2.1　改变激励目标，扭转治理观念

再次强调本书观点：生态环境的恶化及其对增长可持续的挑战之所以发生，环境要素价格的扭曲是重要原因。诚然，相关市场价格的扭曲与地方政府的增长导向、发展思路及其背后的激励设计密不可分。但考虑到水平相对较低的发展阶段，社会主要矛盾集中于"人民日益增长的物质文化需要同落后的社会生产"（新时代以来，主要矛盾已经发生变化，这里强调对过去一段时间内发展状况的回顾），这种条件下，通过行政手段激励地方官员发展经济，是可取的，也是必要的。但以经济发展为核心的激励

制度安排不免造成"重数量轻质量"的粗放型增长模式，带来生态环境的恶化并引发社会矛盾。此时，以生态环境耗损为代价的工业增长已经难以为继，这正是中国经济持续增长面临的挑战之一。因此，面对中国这样一个疆域、人口、经济体量等多维度都堪称大国的基本现实，如果希望突破增长瓶颈，实现经济的持续增长，通过效率改进驱动集约化转型，从而建立现代化经济体系和实现高质量发展，是唯一途径。实现上述目标的一个必要条件，或者说制度支持，是中央政府及时改变增长导向的激励设计，在地方官员的政绩考核中引入考虑生态环境损耗、生态环境质量和群众满意度的多维度考核体系，以构建适应和推动高质量发展的制度保障，这是实现经济动能转换的重要条件和内在激励。

6.2.2 严格约束排污总量、建立区域环境要素市场

环境规制之所以能够实现效率改进，进而对增长的可持续产生影响，其本质在于，过去一段时间内的经济实践中，对生产产生实际价值的生态服务即环境要素，其价格并未在市场中准确体现。或者说，其价格是远低于实际价值的。这必然导致两种现象的发生。一是，环境要素的滥用即排污行为难以受到有效约束，实际表现为污染产业扩张和环境污染加剧，这一点前文已经阐述。二是，在上述情况下，就具体企业而言，尽管其并未承担相应成本，但并不意味着相应成本消失或不存在。从社会整体角度看，私人企业使用环境要素需要付出的成本由社会整体承担。私人成本总和与社会成本之间的差异，构成了经济学理论中"外部效应"的来源。正如外部性理论指出的那样，必须通过政府干预，将企业造成的社会成本"转回"到私人成本上来，以消除其外部性，这是环境规制的经济学理论依据。

因此，在区域环境容量给定的情况下，必然要求政策当局加强对企业使用环境要素行为的管制。这里的管制方式，应当以"总量约束"为主，原因如下。首先，从环境科学视角来看，污染排放损耗环境要素，进而导致区域生态系统崩溃，是一个由量变引起质变的过程。这意味着必须从"量"的维度入手对排污行为加以管制，才能制止生态系统崩溃"质"的发生。其次，污染总量约束给定了区域内环境要素的可用总"量"，实际上将相关资源的稀缺性"显性化"和"数量化"，从而强调了环境要素的价格属性，为建立环境要素市场提供了抓手。区域环境要素市场的建立，

其重要意义有两个方面。一是为资源配置提供基本的实现形式和实现途径。经济学中的一个重要结论是，市场在资源配置中的决定性作用将带来更高的效率；而这一过程得以发生的前提是存在相应的环境要素市场。在市场得以建立的基础上，通过完善相应机制，使市场发挥资源配置和优胜劣汰作用，将极大地提高有限供给环境要素的使用和配置效率。前文中，环境规制的技术进步效应和环境要素配置效应均来源于此。二是就"环境要素"这一特殊生产要素来说，污染的产生刻画了"公地悲剧"现象。而"公地悲剧"之所以发生，其根源在于产权不明晰。如果政府设定了合理的总量约束，并以行政命令强制执行，那么不难推论，此时的"公地"已经不再是"公地"，而是所有权明确的"私地"。地方政府实际上充当了"公地"的所有人，并按照自己的方式（市场化等手段）向企业分配环境要素，即排放权。此时，环境要素的权属得以明确，"公地悲剧"得以避免，污染问题得以解决，这是总量约束形式环境规制的另一优势所在。

政府进行环境规制和污染治理的过程，在环境要素的视角下，可以理解为地方政府通过行政手段将部分企业从环境要素市场驱逐，并将部分企业从环境要素市场引入的过程。此时，地方政府实际上是区域范围内全部"环境要素"的拥有者和唯一供给者（当然，其总供给量受到约束），并成为生态环境的实际"代理人"。但需要明确，其管制目的并非自身收益最大化，而是要使得有限环境要素的使用效率最大化，即有限的环境要素产生最大的产出价值。考虑到地方政府和企业之间的信息不对称，地方政府难以获悉各企业使用环境要素的产出效率，而企业也有动机隐瞒上述信息。那么在"总量排污约束下实现总产出最大化"这一基本目标和要求下，如何引入恰当的市场机制，即市场规则制订和价格产生逻辑，便成为一个十分重要的现实问题。考虑到"总量约束下的排放权分配"并不是本书关注的主要内容（本书关注的是，排放权分配之后的企业行为），故仅在"研究展望"部分作简单讨论。

6.2.3　培育技术市场、完善企业破产机制

从机制路径来看，环境规制强化所引致的效率改进得以发生，依赖于两方面的支持。一方面，面临规制引致的成本加成，企业拥有足够的相关技术加以替代。而技术进步的直接来源，无非内部研发和外部购入两条路

径。考虑到技术研发面临的高成本、长周期和结果不确定，在激烈的市场竞争中，政府应通过相关措施尽量避免因技术供给不足等因素造成的，企业市场和利润损失。其中，比较重要的措施集中于引导和培育技术市场。部分对社会经济发展具有重要价值，且短期内难以被替代的污染产业，如水泥、化工等，政府有必要通过税收、补贴等手段对相关产业在绿色转型和集约化转变过程中涉及的技术研发进行市场扶植与培育，以建立健全相关技术市场，并促进其发展。通过技术市场的培育，支持绿色生产及减排相关技术的研发、分工与合作，发挥相关高校、科研机构等部门的智力支持作用，实现高质量发展转型所需要的技术供给。在此基础上，帮助企业实现技术替代与改进，保证其在时间、成本与研发方面的效益，从技术供给的维度助力企业实现绿色转型。

另一方面，严格的环境规制下，势必存在部分企业因难以承担规制成本而无力维持生产经营。作为环境规制发挥环境要素再配置作用和效率改进的实现条件，有必要保障其顺利破产与退出市场。部分公司面临破产清算、公司退出、下岗职工的培训与再就业，以及相关生产资料的处理等诸多事项，地方政府应在行政管理方面予以支持和配合，如简化相关事项行政流程，督促银行等金融机构积极配合完成相关业务，减、免企业破产与退出市场所承担的行政成本及相关费用，为要素流动与再配置创造条件。

6.2.4 纠正市场扭曲，破解"资源诅咒"

政策启示的一个重要组成部分是，通过对本书理论框架和核心观点加以应用，以解释中国发展历程中的一些经济现象。作为文章观点的一个推论，我们发现，环境要素市场价格的低向扭曲及扭曲导致的环境要素滥用，是污染加剧与粗放式增长的主要原因。这种事实刻画了一种"资源诅咒"的现象，即"资源丰富的经济体在长期增长方面反而落后"。毋庸置疑，生态环境对经济发展提供的实际价值是重要的生产资源。过去一段时间内，中国经济的粗放增长对增长的可持续性带来挑战，无疑佐证了"诅咒"的存在，这是环境要素视角下对中国"资源诅咒"现象分析的现实起点。大量研究指出，经济体对资源相关产业的依赖所导致的"荷兰病"是"诅咒"产生的重要原因，从而将"资源诅咒"的直接原因归结为经济对不可持续资源产业的依赖。而本书的研究结论实际上指出，资源诅咒产生的根本原因，即资源依赖的深层原因，是相关资源市场价格的扭曲。

这里的"相关资源",不仅包括有形的金属及非金属矿产资源,还包括为生产提供实际价值的环境要素。简言之,"资源诅咒"现象的出现,是由包括环境要素在内的自然资源价格扭曲导致的。下面简单给出要素市场价格扭曲导致资源产业依赖的传导路径与机理。需要说明的有两点。一是,相关传导路径刻画的逻辑机理对所有"为生产提供服务"的要素均适用,而非仅适用于某种特殊要素。二是,环境要素视角下,"资源"产业实际上是污染产业,而经济对"资源"产业的依赖,表现为污染产业在经济结构中占据相当的比重。

具体来说,扭曲的市场中,低廉的要素价格降低其使用门槛,一定程度上吸引企业家从事要素积累为特征的初级产品生产活动,进而对企业家的创新行为和企业家才能产生抑制和挤出。利润最大化的生产决策逻辑下,要素价格的低向扭曲对企业的要素密集型生产方式形成激励,一定程度上抑制了企业的 R&D 投入和创新行为。上述过程中,将生产资源配置于要素积累为特征的初级产品生产中,将导致高技术产业因发展资源不足而萎缩。另外,因低水平人力资本的产业需求特征,企业家对初级产品的关注降低了公众投资人力资本的内在动力。同时,因相关产业无法提供高技术特征的职位及与高技术特征产业相匹配的高报酬,导致高技术人才外流,进一步制约人力资本的提高和高技术产业的发展。以上种种,导致集约化与持续增长所必需的结构优化和动力转换受阻,最终形成资源依赖的增长格局。上述分析,揭示了"荷兰病"产生的根源与传导路径,描绘了资源依赖型经济的产生过程与转型面临的困境。简言之,文章结论认为,要素及资源市场的低向价格扭曲是粗放式增长的根源所在,客观上导致了荷兰病、资源产业依赖与以转型困难为表现的资源诅咒。

因此,相关资源要素的市场化改革成为这里的核心政策启示,包括推动各地区要素市场化进程、健全市场机制、确保市场在要素配置中的决定性作用、使要素价格发挥信号作用、准确反映要素价值、提高要素配置效率。具体到环境要素,应严格控制污染总量,提高企业的排污成本,"倒逼"境内企业提高环境要素的产出效率,逐步扭转"诅咒"现状。同时建立环境要素市场,为市场在环境要素配置中发挥作用创造条件。从上述分析来看,文章不仅进一步推动了"资源诅咒"相关话题的研究,同时形成对集约化增长转型相关理论的补充。

总结来看,本书的政策启示集中于环境规制促进效率改进的两条路径:技术替代与环境要素再配置。而上述两条路径的实现,前提是环境规制的强力推行。除此之外，还需要充足的绿色转型技术供给和相关产业中粗放式、低效率企业的及时破产退出和包括环境要素在内必需生产要素的及时再配置。简言之，路径传导过程中涉及的相关主体，影响其产出效应的各种因素，构成了本书政策建议的主要切入点。

6.3 研究展望：环境要素的市场构建与价格产生机制设计

本书关注的相关话题，仍有诸多尚未详细讨论之处。因本书主题及篇幅所限，这里仅择一加以展望。具体来说，相关内容与本书主题密切相关，属于同一逻辑链条上的不同环节。相关展望内容，也是已有研究尚未涉及，但对绿色增长转型和增长可持续十分重要的话题，具有一定的现实意义和理论价值。

再次强调，本书关注的主题是，环境规制对效率改进产生促进作用的路径机理，及其实证检验。其中的关键逻辑是，环境规制从市场的角度凸显了环境要素的价格属性，并为该要素的市场构建提供了实现条件和抓手。需要说明的是，在环境治理的实践中，环境规制下（此时不存在显性的排放权交易市场），环境要素仅存在一次分配市场，而不存在二次交易的再分配市场。如果希望通过市场机制实现排放权的配置，从而改进配置效率，配置原则应当基于市场化的形式展开，即建立显性、公开的排放权市场。那么一个重要的现实问题是，市场机制如何设计？该问题是本书研究展望部分内容所关注的。

6.3.1 "隐性"市场的机制缺陷

从市场构建的角度看，只要企业的排污行为受到约束，或者排污行为为企业带来边际成本，环境要素市场，或者说排污权市场，事实上就已经存在了。在这个市场中，企业因排污付出的边际成本构成了环境要素的市场价格，企业的排污数量则形成了实际的环境要素市场成交量。在相同地区和相同环境规制强度下，企业的排污数量愈多，其必须付出的代价愈大，无法承担规制成本的企业将无法享受排污权带来的生态服务。这意味着，在该市场中，价格发挥传递价值信号的作用，使市场机制在环境要素的配置中扮演主要角色。此时，环境规制的存在催生了实际的排放权市场（不妨将其称为"环境规制引发的实际市场"），这是本书的重要结论。

但需要指出，该市场仍然存在一些缺陷，导致环境要素的配置效率损失。其中一个十分重要的原因是，由环境规制引发的市场是"隐性"而非"显性的"。或者说，该市场只是具备了类似市场的某种属性，而非真正的市场。举例来说，一个机制健全的市场中，商品价格应该由商品供需数量之间的相对差异共同决定。在价格决定的基础上，购买者通过支付相应金额的货币获得对应商品和服务，无相应购买力的市场主体则被排除于市场之外，从而实现资源的配置。在由环境规制催生的"实际"市场中，因环境规制强度由政府决定而非供需的相对数量，而政府决策及决策施行往往滞后于供需状况，从而导致该市场中的"要素价格"难以及时反映排放权的真实价值，造成资源错配。这种市场与早期的"计划经济"十分相似。另一个由环境规制所引发实际市场的机制缺陷是，该实际市场上出售的商品不存在"二手交易"。在一个正常商品的显性市场中，商品价值损耗非一次实现，如二手车、二手房等，因此在一次商品交易市场之外，还存在二手交易市场。商品所有者可以通过将损耗后仍具有实际价值的商品转卖出售，从而实现进一步的帕累托改进和社会整体福利增加。但在环境规制引发的市场中，上述市场机制将难以实现，原因在于，排放权的转售并非以货币价格调配：根据中国环境治理的现实，满足政府环境要求（如排污浓度、污染净化设备等）的企业自然拥有排放权，而该排放权（更准确地说是排放资格），并不能转移到环保考核不达标的企业下，即使后者付出相应货币。其原因在于，在没有环境要素显性市场的条件下，排放权多由环保资格配置，而非市场价格及供需所配置。这在某种程度上意味着污染的总量约束难以实现，因为此时的排放权实际上是一种"属性变量"而非"数量变量"，这对于实现污染总量约束下的环境治理目标显然无益。简言之，在环境规制下，环境要素仅存在一次分配市场，而不存在二次交易的再分配市场；且其价格产生机制是"非市场"的。尽管这可能与环境规制的实现形式有关，但这种情况的确客观存在。上述分析意在强调，环境规制的确催生了实际意义上的环境要素市场，但其市场机制并不完善。因此，建立显性完善的、由众多企业主体参与的排放权市场具有重要的现实价值。

6.3.2 "显性"市场机制设计

一个可供选择的方案是"拍卖"。即，政府将环境要素总量（总排污量）分为若干标的，分别公开拍卖，出价最高者得之。这里的"拍卖"实际上是一种变相收取的"排污费"。但与一般意义上的排污费不同，这里的排污价格由企业自身报出的相对价格决定，具有一定的"自发"筛选特征。拍卖固然是一种可实现的市场分配机制，但这种市场机制有效性如何？能否满足前文提及的要求？不难发现，拍卖机制的有效性依赖于两个假设条件。一是，出价最高者，其使用环境要素的产出效率也应当最高，也就是单位排放可以带来最大产出。二是，各企业之间不存在"共谋"，即报价信息不可共享。否则，如果所有企业约定报出同样的价格，在总要素需求大于总要素供给的约束条件下，这种分配方式实际上是无效的。

另外一个不得不考虑的问题是，就环境要素而言，拍卖机制存在天然缺陷。如果企业通过拍卖获得排放权，但为此付出了过高的代价，这对企业而言将造成沉重负担。换个角度，如果企业能够主动将这笔拍卖资金用于改善排污效率，或者用以实现生产绿色化，那么整体而言，社会生产效率会更高，其环境效益也会更加显著。换言之，政府收取的"拍卖金"，某种程度上造成了这笔资金本身的浪费。但如果政府在拍卖完成后将这笔资金奉还，那么拍卖机制本身也将失去效果。原因是，如果该信息成为所有企业的公共信息，那么企业必将报出虚假价格以获取更多的排放权。

因此，一个可能更为有效的一次性分配方案是，政府在不事先通知返还拍卖金的情况下开展拍卖（当然也不允许企业间共享信息），价高者得之，无力支付相应拍卖金的企业将被逐出市场。但在拍卖结束，或者企业完成绿色转型之后将部分拍卖资金返还。假设产出效率更高的企业拥有更为雄厚的财力，可以承担更为高昂的成本，这种情况下，产出效率最高的企业可以获得排放权，同时实现规制对企业生产带来的负面效应降至最低。而后者是重要的（也是环境规制实践中常被忽略的），原因是，环境规制的政策出发点，或者说逻辑起点，是形成对企业提高效率和绿色转型的督促作用，而非为政府创收。排放权分配的机制设计，应着眼于识别出最应获得环境要素或排放权的企业，而非规制本身。如果违背了这个初衷，环境治理将难免为企业带来高昂的额外成本，使得环境保护的经济成本被放大，短期内政府自身可能面临"经济发展与生态环境保护"之间的两难抉择。此外，对环境要素而言，拍卖机制仍不完美。原因有二：一是，按照这种拍卖机制，大量环境要素可能最终集中于少数企业手中；二是，尽管这些企业都是高效率的，但可能导致排放权市场上的垄断，最终对产品市场上的竞争格局产生影响。一个容易推断得到的结果是，部分企业可能因无法获取相应的环境要素而退出市场，但另一部分企业在环境要素市场上的垄断将引致其在产品市场上的支配力，从而造成消费者福利的损失。上述问题在拍卖机制下几乎是难以避免的。

　　总结来看，环境要素暨排放权市场构建的理论研究具有重要的现实意义，是一个富有吸引力且极具挑战性的领域。在可以预见的未来，该话题将吸引更多环境经济学和发展经济学领域内学者的目光。

参 考 文 献

[1] 阿弗里德·马歇尔（晏智杰译）. 经济学原理（上卷）［M］. 华夏出版社, 2007.

[2] 白俊红, 刘宇英. 对外直接投资能否改善中国的资源错配［J］. 中国工业经济, 2018（01）：60-78.

[3] 薄文广, 徐玮, 王军锋. 地方政府竞争与环境规制异质性：逐底竞争还是逐顶竞争？［J］. 中国软科学, 2018（11）：76-93.

[4] 蔡昉, 都阳. 中国地区经济增长的趋同与差异——对西部开发战略的启示［J］. 经济研究, 2000（10）：30-37+80.

[5] 蔡昉. 中国经济增长如何转向全要素生产率驱动型［J］. 中国社会科学, 2013（01）：56-71+206.

[6] 蔡昉. 经济增长方式转变与可持续性源泉［J］. 宏观经济研究, 2005（12）：34-37+41.

[7] 曹玉书, 楼东玮. 资源错配、结构变迁与中国经济转型［J］. 中国工业经济, 2012（10）：5-18.

[8] 陈斌开, 林毅夫. 重工业优先发展战略、城市化和城乡工资差距［J］. 南开经济研究, 2010（01）：3-18.

[9] 陈德敏, 张瑞. 环境规制对中国全要素能源效率的影响——基于省际面板数据的实证检验［J］. 经济科学, 2012（04）：49-65.

[10] 陈国宏, 邵赟. 技术引进与我国工业技术进步关系研究［J］. 科研管理, 2001（03）：35-42.

[11] 陈诗一. 能源消耗、二氧化碳排放与中国工业的可持续发展［J］. 经济研究, 2009, 44（04）：41-55.

[12] 陈诗一. 中国的绿色工业革命：基于环境全要素生产率视角的解释（1980—2008）［J］. 经济研究, 2010, 45（11）：21-34+58.

[13] 陈永伟, 胡伟民. 价格扭曲、要素错配和效率损失：理论和应用［J］. 经济学（季刊）, 2011, 10（04）：1401-1422.

[14] 崔凤军. 环境承载力论初探 [J]. 中国人口·资源与环境, 1995 (01): 80 - 84.

[15] 戴小勇. 资源错配视角下全要素生产率损失的形成机理与测算 [J]. 当代经济科学, 2018, 40 (05): 103 - 116 + 128.

[16] 邓玉萍, 许和连. 外商直接投资、地方政府竞争与环境污染——基于财政分权视角的经验研究 [J]. 中国人口·资源与环境, 2013, 23 (07): 155 - 163.

[17] 樊纲, 王小鲁, 马光荣. 中国市场化进程对经济增长的贡献 [J]. 经济研究, 2011, 46 (09): 4 - 16.

[18] 方军雄. 市场化进程与资本配置效率的改善 [J]. 经济研究, 2006 (05): 50 - 61.

[19] 干春晖, 郑若谷, 余典范. 中国产业结构变迁对经济增长和波动的影响 [J]. 经济研究, 2011, 46 (05): 4 - 16 + 31.

[20] 龚海林. 环境规制促进产业结构优化升级的绩效分析 [J]. 财经理论与实践, 2013, 34 (05): 85 - 89.

[21] 龚六堂, 谢丹阳. 我国省份之间的要素流动和边际生产率的差异分析 [J]. 经济研究, 2004 (01): 45 - 53.

[22] 郭进. 环境规制对绿色技术创新的影响——"波特效应"的中国证据 [J]. 财贸经济, 2019, 40 (03): 147 - 160.

[23] 郭庆旺, 贾俊雪. 中国全要素生产率的估算: 1979—2004 [J]. 经济研究, 2005 (06): 51 - 60.

[24] 郭志仪, 郑周胜. 财政分权、晋升激励与环境污染: 基于1997~2010 年省级面板数据分析 [J]. 西南民族大学学报 (人文社会科学版), 2013, 34 (03): 103 - 107.

[25] 韩超, 张伟广, 冯展斌. 环境规制如何"去"资源错配——基于中国首次约束性污染控制的分析 [J]. 中国工业经济, 2017 (04): 115 - 134.

[26] 韩剑, 郑秋玲. 政府干预如何导致地区资源错配——基于行业内和行业间错配的分解 [J]. 中国工业经济, 2014 (11): 69 - 81.

[27] 何爱平, 安梦天. 地方政府竞争、环境规制与绿色发展效率 [J]. 中国人口·资源与环境, 2019, 29 (03): 21 - 30.

[28] 何洁. 外国直接投资对中国工业部门外溢效应的进一步精确量化 [J]. 世界经济, 2000 (12): 29 - 36.

[29] 何玉梅，罗巧，朱筱薇．环境规制、生态创新与企业竞争力——基于矿产资源企业数据的分析 [J]．商业研究，2018（03）：132 – 137.

[30] 季书涵，朱英明，张鑫．产业集聚对资源错配的改善效果研究 [J]．中国工业经济，2016（06）：73 – 90.

[31] 贾瑞跃，魏玖长，赵定涛．环境规制和生产技术进步：基于规制工具视角的实证分析 [J]．中国科学技术大学学报，2013，43（03）：217 – 222.

[32] 贾瑞跃，赵定涛．工业污染控制绩效评价模型：基于环境规制视角的实证研究 [J]．系统工程，2012，30（06）：1 – 9.

[33] 蒋伏心，王竹君，白俊红．环境规制对技术创新影响的双重效应——基于江苏制造业动态面板数据的实证研究 [J]．中国工业经济，2013（07）：44 – 55.

[34] 蒋为．环境规制是否影响了中国制造业企业研发创新？——基于微观数据的实证研究 [J]．财经研究，2015，41（02）：76 – 87.

[35] 颉茂华，王瑾，刘冬梅．环境规制、技术创新与企业经营绩效 [J]．南开管理评论，2014，17（06）：106 – 113.

[36] 金碚．资源环境管制与工业竞争力关系的理论研究 [J]．中国工业经济，2009（03）：5 – 17.

[37] 匡远凤，彭代彦．中国环境生产效率与环境全要素生产率分析 [J]．经济研究，2012，47（07）：62 – 74.

[38] 李玲，陶锋．中国制造业最优环境规制强度的选择——基于绿色全要素生产率的视角 [J]．中国工业经济，2012（05）：70 – 82.

[39] 李胜兰，初善冰，申晨．地方政府竞争、环境规制与区域生态效率 [J]．世界经济，2014，37（04）：88 – 110.

[40] 李眺．环境规制、服务业发展与我国的产业结构调整 [J]．经济管理，2013，35（08）：1 – 10.

[41] 李婉红，毕克新，曹霞．环境规制工具对制造企业绿色技术创新的影响——以造纸及纸制品企业为例 [J]．系统工程，2013，31（10）：112 – 122.

[42] 李晓钟，张小蒂．外商直接投资对我国技术创新能力影响及地区差异分析 [J]．中国工业经济，2008（09）：77 – 87.

[43] 李雪冬，江可申，夏海力．供给侧改革引领下双三角异质性制造业要素扭曲及生产率比较研究 [J]．数量经济技术经济研究，2018，35

（05）：23 - 39.

[44] 联合国可持续发展委员会. 二十一世纪议程. [EB/OL].
（2002 - 4 - 18）. https：//www. un. org/chinese/events/wssd/agenda21. htm.

[45] 廖进球，刘伟明. 波特假说、工具选择与地区技术进步 [J].
经济问题探索，2013（10）：50 - 57.

[46] 林伯强，杜克锐. 要素市场扭曲对能源效率的影响 [J]. 经济
研究，2013，48（09）：125 - 136.

[47] 林毅夫，刘培林. 经济发展战略对劳均资本积累和技术进步的
影响——基于中国经验的实证研究 [J]. 中国社会科学，2003（04）：18 -
32 + 204.

[48] 林毅夫，张鹏飞. 适宜技术、技术选择和发展中国家的经济增
长 [J]. 经济学（季刊），2006（03）：985 - 1006.

[49] 陆旸. 环境规制影响了污染密集型商品的贸易比较优势吗？[J].
经济研究，2009，44（04）：28 - 40.

[50] 罗能生，王玉泽. 财政分权、环境规制与区域生态效率——基
于动态空间杜宾模型的实证研究 [J]. 中国人口·资源与环境，2017，27
（04）：110 - 118.

[51] 刘伟，张辉. 中国经济增长中的产业结构变迁和技术进步 [J].
经济研究，2008，43（11）：4 - 15.

[52] 马艳艳，张晓蕾，孙玉涛. 环境规制激发企业努力研发？——
来自火电企业数据的实证 [J]. 科研管理，2018，39（02）：66 - 74.

[53] 牛文元. 可持续发展理论的内涵认知——纪念联合国里约环发
大会 20 周年 [J]. 中国人口·资源与环境，2012，22（05）：9 - 14.

[54] 欧阳志云，王如松，赵景柱. 生态系统服务功能及其生态经济
价值评价 [J]. 应用生态学报，1999（05）：635 - 640.

[55] 潘文卿. 外商投资对中国工业部门的外溢效应：基于面板数据
的分析 [J]. 世界经济，2003（06）：3 - 7 + 80.

[56] 彭国华. 中国地区收入差距、全要素生产率及其收敛分析 [J].
经济研究，2005（09）：19 - 29.

[57] 彭海珍，任荣明. 环境政策工具与企业竞争优势 [J]. 中国工
业经济，2003（07）：75 - 82.

[58] 彭水军，包群. 环境污染、内生增长与经济可持续发展 [J].
数量经济技术经济研究，2006（09）：114 - 126 + 140.

［59］彭星，李斌．不同类型环境规制下中国工业绿色转型问题研究［J］．财经研究，2016，42（07）：134－144.

［60］屈小娥．异质型环境规制影响雾霾污染的双重效应［J］．当代经济科学，2018，40（06）：26－37＋127.

［61］共产党员网．中国特色社会主义和中国梦宣传教育系列报告会（第一场《我国环境保护形势与对策》）［EB/OL］．（2013－7－9）．http：//www.12371.cn/special/zgmbgh/.

［62］邵帅．环境规制如何影响货物贸易的出口商品结构［J］．南方经济，2017（10）：111－125.

［63］邵挺．金融错配、所有制结构与资本回报率：来自1999～2007年我国工业企业的研究［J］．金融研究，2010（09）：51－68.

［64］申晨，贾妮莎，李炫榆．环境规制与工业绿色全要素生产率——基于命令—控制型与市场激励型规制工具的实证分析［J］．研究与发展管理，2017，29（02）：144－154.

［65］沈坤荣，耿强．外国直接投资、技术外溢与内生经济增长——中国数据的计量检验与实证分析［J］．中国社会科学，2001（05）：82－93＋206.

［66］单豪杰．中国资本存量K的再估算：1952～2006年［J］．数量经济技术经济研究，2008，25（10）：17－31.

［67］时乐乐，赵军．环境规制、技术创新与产业结构升级［J］．科研管理，2018，39（01）：119－125.

［68］宋马林，王舒鸿．环境规制、技术进步与经济增长［J］．经济研究，2013，48（03）：122－134.

［69］孙学涛，王振华，张广胜．全要素生产率提升中的结构红利及其空间溢出效应［J］．经济评论，2018（03）：46－58.

［70］唐未兵，傅元海，王展祥．技术创新、技术引进与经济增长方式转变［J］．经济研究，2014，49（07）：31－43.

［71］童伟伟，张建民．环境规制能促进技术创新吗——基于中国制造业企业数据的再检验［J］．财经科学，2012（11）：66－74.

［72］涂正革．环境、资源与工业增长的协调性［J］．经济研究，2008（02）：93－105.

［73］温忠麟，侯杰泰，张雷．调节效应与中介效应的比较和应用［J］．心理学报，2005（02）：268－274.

[74] 王兵，刘光天. 节能减排与中国绿色经济增长——基于全要素生产率的视角 [J]. 中国工业经济，2015（05）：57－69.

[75] 王红梅. 中国环境规制政策工具的比较与选择——基于贝叶斯模型平均（BMA）方法的实证研究 [J]. 中国人口·资源与环境，2016，26（09）：132－138.

[76] 王鹏，尤济红. 产业结构调整中的要素配置效率——兼对"结构红利假说"的再检验 [J]. 经济学动态，2015（10）：70－80.

[77] 王然，燕波，邓伟根. FDI 对我国工业自主创新能力的影响及机制——基于产业关联的视角 [J]. 中国工业经济，2010（11）：16－25.

[78] 王双燕，魏晓平，赵雷英. 外商直接投资、环境规制与产业结构高级化 [J]. 首都经济贸易大学学报，2016，18（01）：26－32.

[79] 王文，孙早，牛泽东. 产业政策、市场竞争与资源错配 [J]. 经济学家，2014（09）：22－32.

[80] 王小鲁，樊纲，余静文. 中国分省份市场化指数报告（2016）[M]. 北京：社会科学文献出版社，2017.

[81] 王小鲁. 中国经济增长的可持续性与制度变革 [J]. 经济研究，2000（07）：3－15，79.

[82] 王小鲁，樊纲，刘鹏. 中国经济增长方式转换和增长可持续性 [J]. 经济研究，2009，44（01）：4－16.

[83] 王小宁，周晓唯. 西部地区环境规制与技术创新——基于环境规制工具视角的分析 [J]. 技术经济与管理研究，2014（05）：114－118.

[84] 王毅. 企业技术核心能力提高途径及其决策框架 [J]. 科技管理研究，2002（01）：9－13.

[85] 王永钦，张晏，章元，陈钊，陆铭. 中国的大国发展道路——论分权式改革的得失 [J]. 经济研究，2007（01）：4－16.

[86] 王勇，施美程，李建民. 环境规制对就业的影响——基于中国工业行业面板数据的分析 [J]. 中国人口科学，2013（03）：54－64＋127.

[87] 温湖炜，周凤秀. 环境规制与中国省域绿色全要素生产率——兼论对《环境保护税法》实施的启示 [J]. 干旱区资源与环境，2019，33（02）：9－15.

[88] 吴延兵. 中国工业 R&D 投入的影响因素 [J]. 产业经济研究，2009（06）：13－21.

［89］吴延兵．自主研发、技术引进与生产率基于中国地区工业的实证研究［J］．经济研究，2008（08）：51-64．

［90］习近平．决胜全面建成小康社会　夺取新时代中国特色社会主义伟大胜利——在中国共产党第十九次全国代表大会上的报告［J］．党建，2017（11）：15-34．

［91］冼国明，严兵．FDI对中国创新能力的溢出效应［J］．世界经济，2005（10）：18-25+80．

［92］肖兴志，李少林．环境规制对产业升级路径的动态影响研究［J］．经济理论与经济管理，2013（06）：102-112．

［93］谢高地，鲁春霞，成升魁．全球生态系统服务价值评估研究进展［J］．资源科学，2001（06）：5-9．

［94］熊艳．基于省际数据的环境规制与经济增长关系［J］．中国人口·资源与环境，2011，21（05）：126-131．

［95］徐涛．引进FDI与中国技术进步［J］．世界经济，2003（10）：22-27．

［96］徐圆．源于社会压力的非正式性环境规制是否约束了中国的工业污染？［J］．财贸研究，2014，25（02）：7-15．

［97］许士春．环境管制与企业竞争力——基于“波特假说”的质疑［J］．国际贸易问题，2007（05）：78-83．

［98］薛伟贤，刘静．环境规制及其在中国的评估［J］．中国人口·资源与环境，2010，20（09）70-77．

［99］杨海生，陈少凌，周永章．地方政府竞争与环境政策——来自中国省份数据的证据［J］．南方经济，2008（06）：15-30．

［100］杨涛．环境规制对中国FDI影响的实证分析［J］．世界经济研究，2003（05）：65-68．

［101］叶祥松，彭良燕．我国环境规制下的规制效率与全要素生产率研究：1999-2008［J］．财贸经济，2011（02）：102-109+137．

［102］易纲，樊纲，李岩．关于中国经济增长与全要素生产率的理论思考［J］．经济研究，2003（08）：13-20+90．

［103］殷宝庆．环境规制与我国制造业绿色全要素生产率——基于国际垂直专业化视角的实证［J］．中国人口·资源与环境，2012，22（12）：60-66．

［104］余泳泽．我国节能减排潜力、治理效率与实施路径研究［J］．

中国工业经济，2011（05）：58－68.

［105］袁志刚，解栋栋. 中国劳动力错配对 TFP 的影响分析 ［J］. 经济研究，2011，46（07）：4－17.

［106］原毅军，刘柳. 环境规制与经济增长：基于经济型规制分类的研究 ［J］. 经济评论，2013（01）：27－33.

［107］原毅军，谢荣辉. 环境规制的产业结构调整效应研究——基于中国省际面板数据的实证检验 ［J］. 中国工业经济，2014（08）：57－69.

［108］中共中央文献研究室. 习近平关于社会主义生态文明建设论述摘编 ［M］. 中央文献出版社，2017.

［109］张成，陆旸，郭路，于同申. 环境规制强度和生产技术进步 ［J］. 经济研究，2011，46（02）：113－124.

［110］张弛，任剑婷. 基于环境规制的我国对外贸易发展策略选择 ［J］. 生态经济，2005（10）：169－171.

［111］张江雪，蔡宁，毛建素，杨陈. 自主创新、技术引进与中国工业绿色增长——基于行业异质性的实证研究 ［J］. 科学学研究，2015，33（02）：185－194＋271.

［112］张杰，周晓艳，李勇. 要素市场扭曲抑制了中国企业 R&D？ ［J］. 经济研究，2011，46（08）：78－91.

［113］张军，金煜. 中国的金融深化和生产率关系的再检测：1987—2001 ［J］. 经济研究，2005（11）：34－45.

［114］张军. 资本形成、工业化与经济增长：中国的转轨特征 ［J］. 经济研究，2002（06）：3－13＋93.

［115］张克中，王娟，崔小勇. 财政分权与环境污染：碳排放的视角 ［J］. 中国工业经济，2011（10）：65－75.

［116］张三峰，卜茂亮. 嵌入全球价值链、非正式环境规制与中国企业 ISO14001 认证——基于 2004—2011 年省际面板数据的经验研究 ［J］. 财贸研究，2015，26（02）：70－78.

［117］张三峰，卜茂亮. 环境规制、环保投入与中国企业生产率——基于中国企业问卷数据的实证研究 ［J］. 南开经济研究，2011（02）：129－146.

［118］张文彬，张理芃，张可云. 中国环境规制强度省际竞争形态及其演变基于两区制空间 Durbin 固定效应模型的分析 ［J］. 管理世界，2010（12）：34－44.

[119] 张志强，徐中民，程国栋. 生态系统服务与自然资本价值评估 [J]. 生态学报，2001 (11)：1918 – 1926.

[120] 张晏，龚六堂. 分税制改革、财政分权与中国经济增长 [J]. 经济学（季刊），2005 (04)：75 – 108.

[121] 赵红. 环境规制对产业技术创新的影响——基于中国面板数据的实证分析 [J]. 产业经济研究，2008 (03)：35 – 40.

[122] 赵同谦，欧阳志云，郑华，王效科，苗鸿. 中国森林生态系统服务功能及其价值评价 [J]. 自然资源学报，2004 (04)：480 – 491.

[123] 赵玉民，朱方明，贺立龙. 环境规制的界定、分类与演进研究 [J]. 中国人口·资源与环境，2009，19 (06)：85 – 90.

[124] 赵志耘，杨朝峰. 中国全要素生产率的测算与解释：1979—2009 年 [J]. 财经问题研究，2011 (09)：3 – 12.

[125] 郑京海，胡鞍钢，Arne Bigsten. 中国的经济增长能否持续？——一个生产率视角 [J]. 经济学（季刊），2008 (03)：777 – 808.

[126] 中国政府网. 中共中央国务院关于全面加强生态环境保护 坚决打好污染防治攻坚战的意见 [EB/OL]. (2018 – 6 – 24). http：//www. gov. cn/zhengce/2018 – 06/24/content_5300953. htm.

[127] 中国经济增长前沿课题组，张平，刘霞辉，袁富华，王宏淼，陆明涛，张磊. 中国经济增长的低效率冲击与减速治理 [J]. 经济研究，2014，49 (12)：4 – 17 +32.

[128] 中国经济增长与宏观稳定课题组，张平，刘霞辉，张晓晶，陈昌兵. 中国可持续增长的机制：证据、理论和政策 [J]. 经济研究，2008，43 (10)：13 – 25 +51.

[129] 中华人民共和国生态环境部. 历年中国环境状况公报 [EB/OL]. (2017 – 06 – 05). http：//www. mee. gov. cn/hjzl/zghjzkgb/lnzghjzkgb/.

[130] 钟茂初，李梦洁，杜威剑. 环境规制能否倒逼产业结构调整——基于中国省际面板数据的实证检验 [J]. 中国人口·资源与环境，2015，25 (08)：107 – 115.

[131] 周黎安，赵鹰妍，李力雄. 资源错配与政治周期 [J]. 金融研究，2013 (03)：15 – 29.

[132] 周五七. 长三角工业绿色全要素生产率增长及其驱动力研究 [J]. 经济与管理，2019，33 (01)：36 – 42.

[133] 朱平芳，李磊. 两种技术引进方式的直接效应研究——上海市

大中型工业企业的微观实证 [J]. 经济研究, 2006 (03): 90 - 102.

[134] 邹薇, 代谦. 技术模仿、人力资本积累与经济赶超 [J]. 中国社会科学, 2003 (05): 26 - 38 + 205 - 206.

[135] Aoki S. A simple accounting framework for the effect of resource misallocation on aggregate productivity [J]. Journal of the Japanese and International Economies, 2012, 26 (4): 473 - 494.

[136] Berman E, Bui L T M. Environmental regulation and productivity: evidence from oil refineries [J]. Review of Economics and Statistics, 2001, 83 (3): 498 - 510.

[137] Coase R H. The Problem of Social Cost [J]. Journal of Law and Economics, 1960, 3 (10): 1 - 44.

[138] Cole M, Elliott R, Wu S. Industrial activity and the environment in China: An industry-level analysis [J]. China Economic Review, 2008, 19 (3): 393 - 408.

[139] Dasgupta S, Wheeler D. Citizen complaints as environmental indicators: evidence from China [M]. The World Bank, 1997.

[140] Easterly W, Levine R. It's not factor accumulation: stylized facts and growth models [M]. Banco Central de Chile, 2002.

[141] Fan C S, Hu Y. Foreign direct investment and indigenous technological efforts: Evidence from China [J]. Economics Letters, 2007, 96 (2): 253 - 258.

[142] Fredriksson P G, Millimet D L. Strategic interaction and the determination of environmental policy across US states [J]. Journal of Urban Economics, 2002, 51 (1): 101 - 122.

[143] Hsieh C T, Klenow P J. Misallocation and manufacturing TFP in China and India [J]. The Quarterly journal of economics, 2009, 124 (4): 1403 - 1448.

[144] Hu A G Z, Jefferson G H. FDI Impact and Spillover: Evidence from China's Electronic and Textile Industries [J]. The World Economy, 2002, 25 (8): 1063 - 1076.

[145] IPCC. 2006 IPCC Guidelines for National Greenhouse Gas Inventories [R]. Japan: IGES, 2006.

[146] Jaffe A B, Peterson S R, Portney P R, et al. Environmental regu-

lation and the competitiveness of US manufacturing: what does the evidence tell us? [J]. Journal of Economic literature, 1995, 33 (1): 132 – 163.

[147] Jaffe A B, Palmer K. Environmental regulation and innovation: a panel data study [J]. Review of economics and statistics, 1997, 79 (4): 610 – 619.

[148] Javorcik B S, Saggi K, Spatareanu M. Does it matter where you come from? Vertical spillovers from foreign direct investment and the nationality of investors [R]. World Bank Policy Research Working Paper, 2004.

[149] Kathuria V, Sterner T. Monitoring and enforcement: Is two-tier regulation robust? —A case study of Ankleshwar, India [J]. Ecological Economics, 2006, 57 (3): 477 – 493.

[150] Kathuria V. Informal regulation of pollution in a developing country: evidence from India [J]. Ecological Economics, 2007, 63 (2 – 3): 403 – 417.

[151] Klenow P. Comment on "It's Not Factor Accumulation: Stylized Facts and Growth Models," by William Easterly and Ross Levine [J]. The World Bank Economic Review, 2001, 15 (2): 221 – 224.

[152] Krugman P. The Myth of Asia's Miracle [J]. Foreign Affairs, 1994, 73 (6): 62 – 78.

[153] Kugler M. Spillovers from foreign direct investment: within or between industries? [J]. Journal of Development Economics, 2006, 80 (2): 444 – 477.

[154] Lin J Y, Liu Z. Fiscal decentralization and economic growth in China [J]. Economic development and cultural change, 2000, 49 (1): 1 – 21.

[155] Lucas R E. On The Mechanics Of Economic Development [J]. Journal of Monetary Economics, 1988, 22 (1): 3 – 42.

[156] Watanabe M, Tanaka K. Efficiency analysis of Chinese industry: a directional distance function approach [J]. Energy policy, 2007, 35 (12): 6323 – 6331.

[157] Ofer G. Soviet economic growth: 1928 – 1985 [J]. Journal of economic literature, 1987, 25 (4): 1767 – 1833.

[158] Palmer K, Oates W E, Portney P R. Tightening environmental standards: the benefit-cost or the no-cost paradigm? [J]. Journal of economic

perspectives, 1995, 9 (4): 119 – 132.

[159] Pigou A C. The economics of welfare [M]. Palgrave Macmillan, 2013.

[160] Porter M E, Van der Linde C. Toward a new conception of the environment-competitiveness relationship [J]. Journal of economic perspectives, 1995, 9 (4): 97 – 118.

[161] Porter M E. America's Green Strategy [J]. Scientific American, 1991, 264 (4): 193 – 246.

[162] Prescott E C. Needed: A Theory of Total Factor Productivity [J]. International Economic Review, 1998, 39 (3): 525 – 551.

[163] Qian Y, Roland G, Xu C. Coordinating Changes in M-form and U-form Organizations [R]. William Davidson Institute at the University of Michigan, 1999.

[164] Qian Y, Weingast B R. Federalism as a commitment to reserving market incentives [J]. Journal of Economic perspectives, 1997, 11 (4): 83 – 92.

[165] Callan S J, Thomas J M. Environmental economics and management: Theory, policy, and applications [M]. Cengage Learning, 2013.

[166] Simpson R D, Bradford R. Taxing Variable Cost: Environmental Regulation as Industrial Policy [J]. Journal of Environmental Economics and Management, 1996, 30 (3): 282 – 300.

[167] Solow R M. Technical change and the aggregate production function [J]. The review of Economics and Statistics, 1957, 39 (3): 312 – 320.

[168] Syrquin M. Productivity growth and factor reallocation [M]. Oxford university press, 1986.

[169] Tombe T, Winter J. Environmental policy and misallocation: The productivity effect of intensity standards [J]. Journal of Environmental Economics and Management, 2015, 72 (1): 137 – 163.

[170] Weingast B R. The economic role of political institutions: Market-preserving federalism and economic development [J]. Journal of Law, Economics, & Organization, 1995, 11 (1): 1 – 31.

[171] World Commission on Environmental Development (WCED). Our Common Future: From One Earth to One World [M]. Oxford University Press,

1987.

[172] Young A. Gold into Base Metals: Productivity Growth in the People's Republic of China during the Reform Period [J]. Journal of Political Economy, 2003, 111 (6): 1220 – 1261.

[173] Zhang T, Zou H. Fiscal decentralization, public spending, and economic growth in China [J]. Journal of public economics, 1998, 67 (2): 221 – 240.

致　　谢

　　南风相送，时光匆匆，转眼又是夏天。在南开园的生活已接近尾声，回望过去三年，一路走来，努力着，也感动着。我想，大概需要写点什么，记录这段旅程。感谢你们，出现在我的生命里。

　　感谢我的指导老师钟茂初教授。时至今日，我还能回忆起报考老师的博士生，面试时的情形，以及在录取名单上看到自己名字时的喜悦。钟老师著作等身，行文文风简练；为人谦和，有君子之儒雅；常能洞察经济现象的本质逻辑，寥寥数语令人茅塞顿开。钟老师鼓励大家踊跃参与每周一次的例行讨论课，并勇敢表达自己的想法，让我逐渐融入"钟门"大家庭。一次次的讨论中，学术视野不断拓宽，语言表达能力不断提高，思维的广度和深度得到延伸。对学生的指导，钟老师总是尽职尽责。我写完的论文发给老师，常能在第二天收到回复。立意是否有新，逻辑是否通顺，结构是否合理，句子是否冗长，用词是否准确，文章的修改与建议详细备至。钟老师常强调，文章要言之有物，重要的是文字背后的思想、分析与观点，不必盲目追求实证工具的新颖与数理模型之高深。这些教诲让我在学习中受益良多。能拜入老师门下，成为"钟门"一员，我深感幸运。祝钟老师身体健康，工作顺利。

　　感谢在论文写作和发表方面给予我指导的编辑老师，尤其是《中国人口科学》杂志的编辑朱老师。对研究生而言，论文的写作和发表最为重要，是在校研究生的主要任务。论文的最终呈现，既取决于作者的构思和写作，同时与编辑老师的修改意见密不可分。一般来说，研究者对文章的学术思想和理论价值负责。但论文的发表，还要兼顾可读性、传播性等方面，入学不久的研究生通常缺少这种意识与写作能力。面对青年学者的投稿，朱老师总是表现出宽容和鼓励。对于有价值的文章，即便在写作等方面存在瑕疵，朱老师也会不厌其烦地给予指导完善，帮助青年学者掌握论文的写作和修改技巧，从而在学术方面不断成长。作为研究生，有幸受到朱老师在文章撰写和修改方面的点拨，深表谢意，祝朱老师家庭幸福，工作顺利。

感谢我的父母，他们在物质上的支持，使我能够专心学业。每当我在学习中遇到困难和挫折，他们总是以温暖的亲情，给予我最大的安慰、包容和鼓舞。在外求学，不能常伴父母膝下，我深感愧疚，衷心地祝愿你们幸福安康。

感谢我的舍友黄臻。学习之余，我们时常在西门附近的小餐馆推杯换盏话古今，也经常在每晚的"卧谈会"上道尽书生意气。人生难得知己好友，祝你在将来的工作和生活中一帆风顺，家庭幸福。感谢南开大学经济研究所的同学，他们是张昕蔚、岳圣元、张帅、王梦菲、张朕、张杰；感谢你们的帮助和照顾。感谢"钟门"的师兄、师姐、师弟和师妹们，他们是王芳、黄娟、夏勇、邹蔚然、孙坤鑫、徐双明、姜楠、朱欢、赵天爽、寇冬雪、尚秀丽、张坷坷、王玉爽、包彤、张馨艺、李倩楠、陈宏宇、孙慧、安从瑶；在同你们的沟通和交流中，我总能获得新知。同窗之情，同门之谊，真挚隽永，祝你们前程似锦。

面对离别，对于南开园，我的难过有些模糊。仔细想来，回忆的碎片又点滴涌现。那些不舍的情愫朦朦胧胧，让情绪泛起涟漪。它们萦绕在西区公寓栏杆上的蔷薇花中，氤氲在大中路旁钟灵毓秀的荷花池里，随乐群路边金色的梧桐落叶翩飞，在小引河的粼粼波光里荡漾。我想，我是爱着这里的。爱这里慈祥的老师，谆谆教导中为我拨开迷雾，让我靠近真理；爱这里活泼可爱的同学，陪我度过那段青涩却闪耀的时光；爱这里的一花一叶，一砖一瓦，一草一木。感谢你们，伴我成长，也让我在离开许久之后，仍然对你们想念。简短的告别，让伤感悠长；有隐约悲伤，有嘴角上扬。唯愿历尽千帆而赤子之心不改，归来仍有少年模样。

再见，南开。

再见，学生时代。

解 晋

2020 年 6 月